Sous Vide & Dampfgaren

Wir danken Christine Wagner, Barbara Butz, Sabine Stadtherr von Room to Dream, Stadthaus, 1260 Grad und Lambert für die Requisiten.

Außerdem danken wir der Komet Maschinenfabrik GmbH für die technischen Geräte.

Unser Verlagsprogramm finden Sie unter www.christian-verlag.de

Produktmanagement: Annika Genning, Franziska Sorgenfrei
Textredaktion: Carmen Söntgerath
Korrektur: Sabine Thorn
Layout und Satz: Heike Gürtler, Gürtler Design
Umschlaggestaltung: Caroline Daphne Georgiadis, Daphne Design unter Verwendung eines Fotos von Sandra Eckhardt
Repro: Repro Ludwig, Zell am See
Herstellung: Bettina Schippel

Text und Rezepte: Götz Beller
Fotografie: Sandra Eckhardt, www.sandraeckhardt.de
Foodstyling: Götz Beller, www.kuechenteufel.com
Styling: Ulla Krause

Printed in Slovenia by Florjancic

Sind Sie mit diesem Titel zufrieden? Dann würden wir uns über Ihre Weiterempfehlung freuen. Erzählen Sie es im Freundeskreis, berichten Sie Ihrem Buchhändler oder bewerten Sie bei Onlinekauf. Und wenn Sie Kritik, Korrekturen, Aktualisierungen haben, freuen wir uns über Ihre Nachricht an

Christian Verlag
Postfach 40 02 09
D-80702 München
oder per E-Mail an lektorat@verlagshaus.de.

Alle Angaben in diesem Werk wurden vom Autor sorgfältig recherchiert und auf den aktuellen Stand gebracht sowie vom Verlag geprüft. Für die Richtigkeit der Angaben kann jedoch keinerlei Haftung übernommen werden.

Die Deutsche Nationalbibliothek verzeichnet diese Publikation in der Deutschen Nationalbibliografie; detaillierte bibliografische Daten sind im Internet über http://dnb.d-nb.de abrufbar.

2. Auflage
© 2016, 2014 Christian Verlag GmbH, München

Alle Rechte vorbehalten.

ISBN 978-3-86244-588-2

Meine Empfehlung
Wenn Sie ganz einfach Ihre Gäste beeindrucken möchten, empfehle ich Ihnen »Das große Buch der Kleinigkeiten«.
Ihr Götz Beller

Sous Vide & Dampfgaren

100 Rezepte für vollen Geschmack

CHRISTIAN

Inhalt

Vorwort — 7

Sous Vide und Dampfgaren — 8
Entstehung der Küchentechniken

1. Aperitif — 15
Appetitanreger für das perfekte Sous-Vide-Menü

2. Dazwischen — 51
raffinierte Zwischengänge und kleine Gerichte

3. Fisch & Meeresfrüchte — 83
aus See und Meer schonend gegart

4. Geflügel & Fleisch — 101
der zarteste Fleischgenuss

5. Desserts — 133
unwiderstehliche Süßspeisen

Register — 158

Vorwort

Ich habe das Sous-Vide-Garen für meine Küche entdeckt, weil es viele wunderbare Möglichkeiten bietet, das Beste aus jedem Produkt herauszuholen. Durch das Vakuumieren, also das Verschweißen in Kunststoffbeuteln unter Luftabschluss, werden Lebensmittel nicht nur länger haltbar gemacht, beim Marinieren unter Vakuum dringen die Aromen zudem viel schneller und tiefer in die Produkte ein und der Geschmack wird intensiver.

Gart man das Ganze dann im Thermalisierer oder bei Niedrigtemperatur im Dampfgarer, so begeistern der volle Geschmack und die zarte Textur von Fleisch, Fisch und Gemüse. Aus der Gourmetküche nicht mehr wegzudenken, ist diese Gartechnik vollkommen zu Recht inzwischen auch in den privaten Haushalten auf dem Vormarsch.

Entdecken Sie mit meinen Rezepten diese neuen Kochtechniken für Ihre Küche!

Ihr
Götz Beller

Sous Vide und Dampfgaren

Entstehung der Küchentechniken

Bereits in den 1970er-Jahren wurde in der Lebensmittelindustrie eine spezielle Methode entwickelt, um Gemüse, Fleisch und Fisch in Vakuumbeuteln verpackt bei Temperaturen zwischen 40 °C und 85 °C zu garen. Die Idee dahinter: Die Temperaturabweichungen erlauben die exakte Kontrolle über Textur und Aroma, die Vakuumverpackung verbessert die Haltbarkeit und vereinfacht das Handling. Der Garprozess findet in einem temperaturgesteuerten Wasserbad statt. Durch den Luftabschluss verlängert sich die Haltbarkeit von Lebensmitteln, Keime können von außen nicht mehr in die Produkte eindringen, Feuchtigkeit kann nicht mehr entweichen. Diese Methode wurde zuerst nur in der Sternegastronomie, anschließend in der Industrie eingesetzt und war noch weit davon entfernt, einmal Einzug in private Küchen zu halten. In kleinerem Maßstab experimentierten einige Köche damit, sie nutzten dafür unkonventionelle Geräte, die zumeist aus dem Laborbedarf stammten. Das Verfahren und auch die entsprechenden Apparate wurden stetig verbessert. Schließlich entdeckte die gehobene Gastronomie die neue Technik. In den 1990er-Jahren war es dann so weit: einige »junge Wilde« garten vakuumierten Fisch in einer Geschirrspülmaschine im Schonspülgang, und zwar mit Erfolg.
Schließlich nahmen sich renommierte Hersteller des Themas an. Sie setzten sich zum Ziel, praktische, bezahlbare und einfach zu bedienende Geräte zu entwickeln.

Vakuumiergeräte heute

Um sous vide Garen zu können, muss das Gargut zunächst vakuumiert werden. Die Firma Komet hatte gleich von Beginn an die Vision, Vakuumiergeräte auch in privaten Küchen unterzubringen. Das ist mittlerweile Wirklichkeit geworden. Sehr zu empfehlen für den Privatgebrauch ist etwa der platzsparende Kammervakuumierer »Gourmet Saver« (1). Außerdem gibt es heute sogar ein integrierbares Gerät für einen Auszug in der Küchenzeile, der in jeder Standard-Küchenschublade Platz findet: der »Vacu-Fresh« (2). Beratend tätig für den Hersteller Komet war seit Anbeginn **Hubertus Tzschirner**, Sous-Vide-Koch der ersten Stunde, der sowohl für sein Catering als auch für den eigenen Haushalt diese Küchentechnik sehr schätzt.

Einfache Vakuumiergeräte für den privaten Haushalt gibt es schon für unter 50 Euro. Für alle, die häufig mit der Sous-Vide-Technik arbeiten wollen, lohnt sich aber ein genauer Blick auf die Unterschiede (wird die Luft komplett entzogen, gibt es verschiedene Größeneinstellungen, wie fest ist die Schweißnaht ...). In der Profiküche werden in der Regel Kammervakuumiergeräte eingesetzt. Im Unterschied zur einfachen Absaugtechnik, legt man hier den Beutel in eine Kammer ein, in der ein Vakuum erzeugt wird. Die Geräte arbeiten effizienter, der komplette Entzug von Luft ist garantiert und auch Flüssigkeiten lassen sich problemlos vakuumieren.

Vakuumbeutel

Vakuumbeutel bestehen aus unbedenklichen Kunststoffen ohne Weichmacher und es gibt sie in verschiedenen Größen (3). Wichtig ist, dass die Schweißnaht die den Beutel bruchfest verschließt, sodass das Vakuum auch über längere Zeit gewährleistet ist.

Vorteile des Vakuumierens

Vakuumierte Lebensmittel können nicht mehr mit Sauerstoff reagieren, so verlängert sich ihre Halt-

»Aus gastronomischer Sicht, aber auch privat möchte ich nicht mehr auf diese Garmethode verzichten, denn endlich kann ich mich selbst mehr um meine Gäste kümmern und auch an meiner eigenen Party teilnehmen, ohne ausschließlich in der Küche zu verschwinden.«

Hubertus Tzschirner

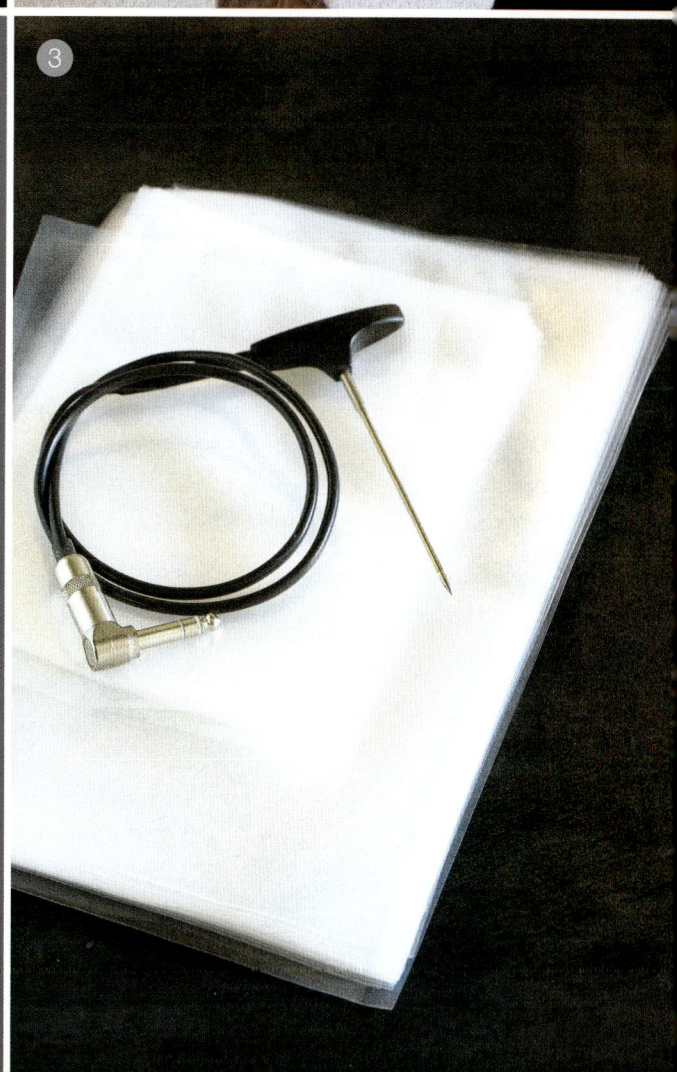

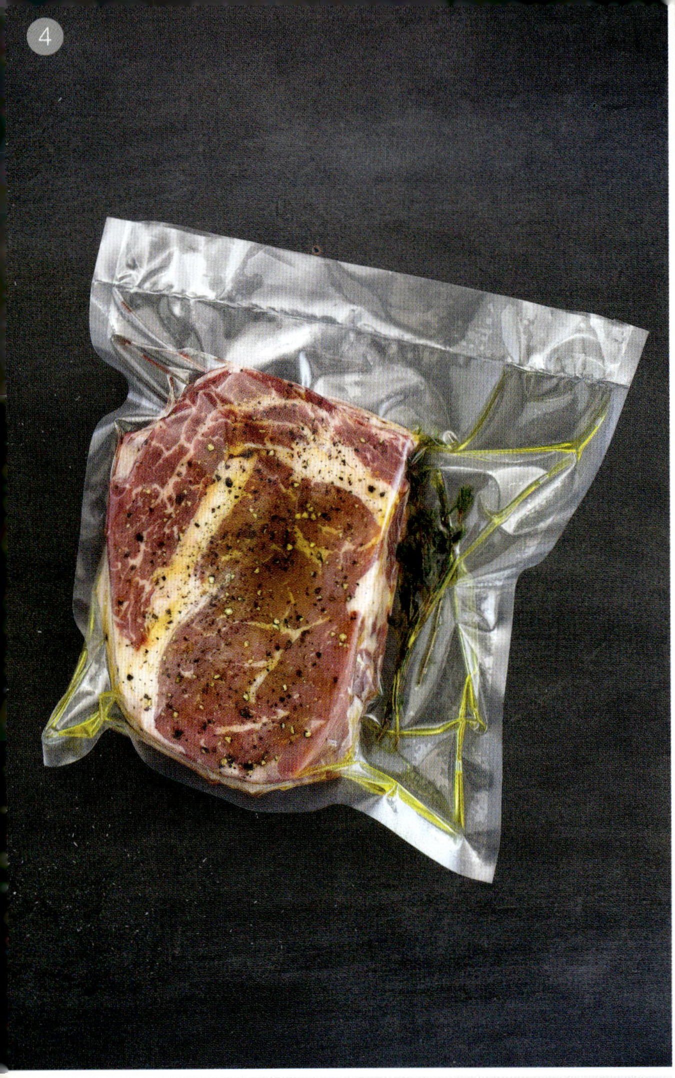
4

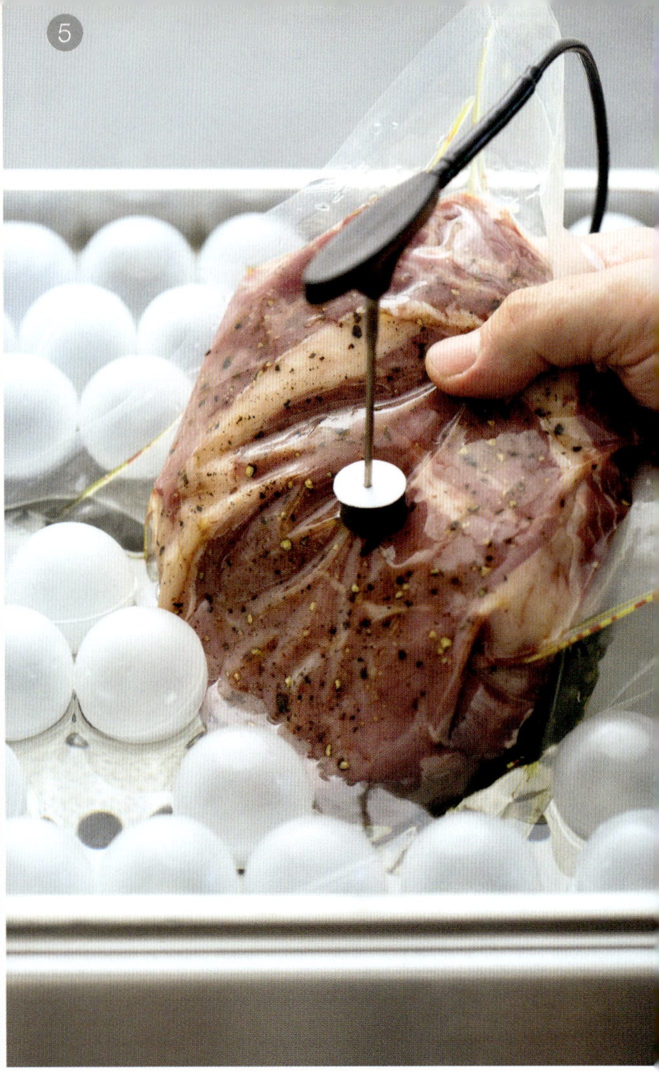
5

6
56.0
MOD
SET
OK

7
56.0
MOD
SET
OK

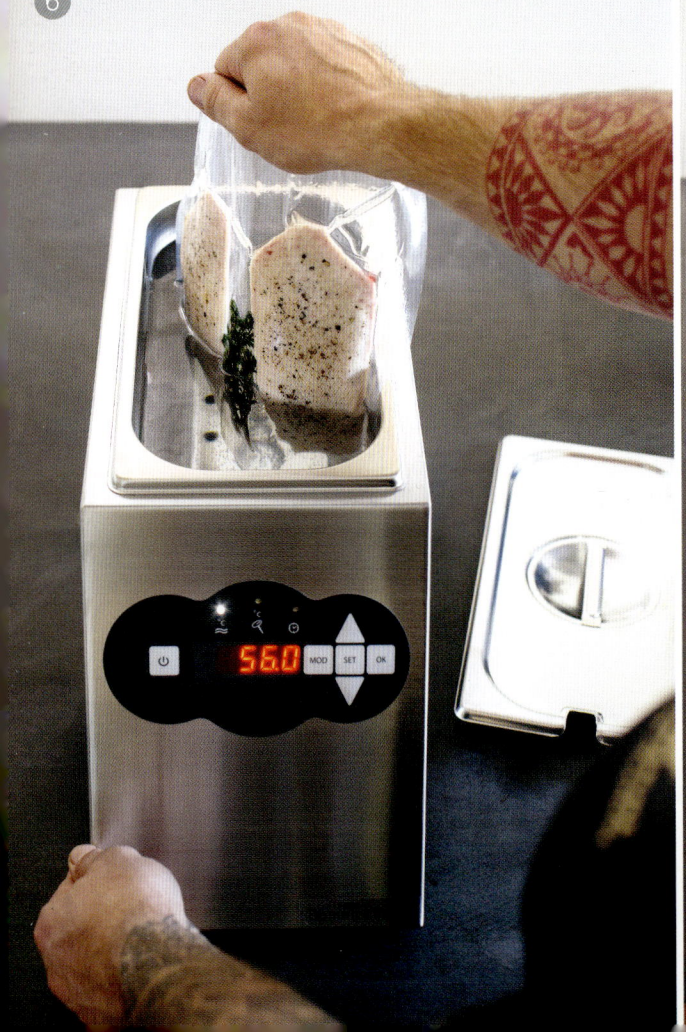

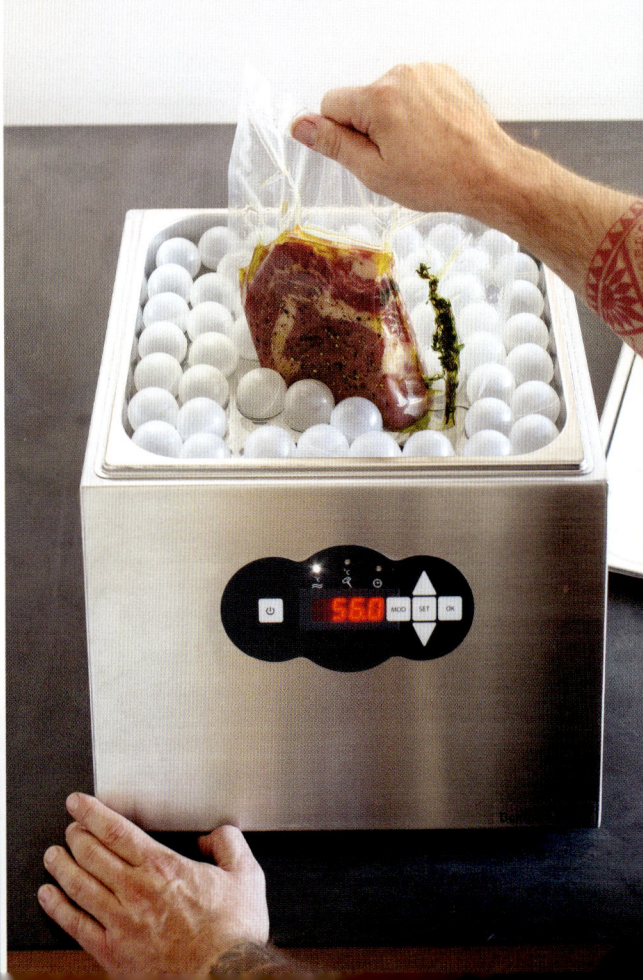

barkeit. Außerdem kann aus dem Beutel kein Aroma entweichen, und umgekehrt können von außen keine Duftstoffe oder andere über die Luft übertragene Aromaten in die Speisen eindringen. Durch Zugabe von Aromen, also durch das Marinieren mit passenden Gewürzen und Ölen, kann unter Luftabschluss der Geschmack enorm verstärkt werden (4). Zudem entweicht keine Feuchtigkeit – auch beim Garvorgang nicht, sodass Fleisch und Fisch einen deutlich geringeren Garverlust haben und nicht austrocknen. Im Klartext: Es bleibt mehr vom teuren Steak.

»Das Garen unter Vakuum trägt erheblich zur Aromenübertragung bei, denn auch zugegebene Gewürze und Aromaten werden dadurch extrem unterstützt. Gewürze, insbesondere Salz, sollten dabei allerdings mit Bedacht verwendet werden.«
Hubertus Tzschirner

Übersicht zum Vakuumieren

Vakuumieren von festen Lebensmitteln wie Fleisch, Fisch, Gemüse:
Auf höchster Stufe; beschleunigt das Marinieren und verlängert die Haltbarkeit.

Vakuumieren von Obst:
Weiches, druckempfindliches Obst wie Beeren: auf niedriger Stufe, sonst wird es zerdrückt; es entsteht dann aber kein vollständiges Vakuum im Beutel.
Hartes Obst wie Äpfel und Birnen: auf höchster Stufe, ohne jedoch das Obst zu beschädigen; verhindert auch das Braunwerden dieser Obstsorten.

Vakuumieren von Flüssigkeiten:
Mit Hilfe von Einlegeplatten kann man den Winkel zu den Schweißbacken entsprechend anpassen, sodass die Flüssigkeiten nicht durch die Vakuumpumpe angezogen werden.

Zubereitung Sous Vide

Zubereitet werden die vakuumierten Speisen in temperierbaren Wasserbädern, sogenannten Thermalisierern, oder alternativ in Dampfgargeräten. Wer ganz korrekt die Temperatur seines Garguts messen will, verwendet zur Kontrolle der Kerntemperatur die Kerntemperaturfühler. Diese werden mit Hilfe von Dichtungspads auf den Vakuumbeuteln befestigt und dann in das Gargut eingeführt (5). Die Anzeige am Gerät zeigt gleichzeitig die konstant gesteuerte Temperatur im Wasserbad an, die optimalerweise der Kerntemperatur entspricht (6). Damit keine Wärme nach oben über die offene Wasserfläche entweicht, liefern einige Hersteller optional Styroporkugeln mit, die schwimmend auf der Oberfläche die Temperatur noch konstanter halten (7). Thermalisierer gibt es bereits auch für den Hausgebrauch, wie das Modell »Emily« der Firma Domnick (siehe auch Abbildung 6).

Vorteile des Garens im temperierten Wasserbad

In Thermalisierern lässt sich die Temperatur des Wasserbads über einen beliebigen Zeitraum konstant halten – mit Abweichungen von lediglich 0,5 °C bis 2 °C. Auf diese Weise können Speisen schonend, also bei niedriger Temperatur, über lange Zeit gegart werden. Dadurch bleibt das Fleisch sehr zart, gart aber trotzdem bis zur gewünschten Kerntemperatur durch. Idealerweise erzeugt man so im gesamten Gargut die gewünschte Temperatur und brät dann abschließend nur noch das Produkt an, sodass auch Röstaromen im Geschmacksspiel mitwirken können.

»Sous Vide ermöglicht mir immer ein punktgenaues Garen, ohne dass die Qualität dabei auf der Strecke bleibt, eine Gelinggarantie ist dabei immer gewährleistet.«
Hubertus Tzschirner

Gartemperaturen im Thermalisierer

Gar-/Kerntemperaturen für Fleisch:
Kurzgebratenes – zwischen 52 °C (rare), 58 °C (medium) und 62 °C (well done)

Schmorfleisch – Fleisch mit hohem Anteil an Bindegewebe – zwischen 69 °C und 75 °C

Gar-/Kerntemperaturen für Fisch:
Ideale, perfekte Konsistenz bei 46 °C (der Fisch ist dann schön glasig, Gartemperatur bis 65 °C)

Gartemperaturen für Gemüse:
Zwischen 80 °C und 90 °C
Grünes Gemüse ist für das Thermalisieren nicht geeignet, denn durch die verhältnismäßig lange Garzeit leidet die Farbe.

Diese Kochtechnik ist aus der Gastronomie nicht mehr wegzudenken und bringt enorme Vorteile bei der Vorbereitung, Zubereitung und Qualitätserhaltung von Produkten und Lebensmitteln. Auch im privaten Haushalt gewinnt das Sous-Vide-Garen zunehmend an Bedeutung. Die Geräte sind ein Must-have in jeder neu geplanten Küche – was für Dampfgarer schon länger gilt.

Vorteile des Dampfgarens

Diese Garmethode ist keine neue Erfindung. In der chinesischen Küche zum Beispiel wird schon seit Jahrhunderten über Dampf gegart. Damals wie auch heute noch werden dafür Bambuskörbe verwendet, die über kochendem Wasser übereinandergestapelt werden können (8). Der Wasserdampf zieht dann durch die Öffnungen im Korbgeflecht und durchdringt die verschiedenen Zutaten gleichmäßig. In Marokko wird zum Beispiel Couscous seit jeher in Tajines gegart. Ähnlich wie in einem Römertopf sammelt sich das verdunstende Wasser beim Erhitzen im Inneren des abgedeckten Tontopfs in Form von Dampf, durch den die Zutaten schonend gegart werden. In den 1970er-Jahren hat man elektrische Geräte für den Hausgebrauch entwickelt, die eine konstante Temperatur und Dampfzufuhr garantieren. Das Prinzip ist dasselbe wie bei den asiatischen Bambus-Dampfgarern. Das gilt auch für die Einbaugeräte, die inzwischen üblich sind. Man erhält sie als separates Gerät oder als Kombidämpfer, die zusätzlich noch eine Heißluftfunktion bieten. Die einfachste Methode ist jedoch, in den Backofen eine Schale oder ein Blech voll Wasser zu stellen. Die Zutaten garen dann im aufsteigenden Wasserdampf (9).

Die Vorteile des Dampfgarens liegen in der leichten und fettarmen Zubereitung: Vitamine und Inhaltsstoffe bleiben erhalten und es kann nichts anbrennen. Außerdem lassen sich mehrere Zutaten gleichzeitig garen, ohne dass sich die Gerüche vermischen. Im Unterschied zum Thermalisieren ist es beim Garen mit Dampf nicht notwendig, die Zutaten vorher zu vakuumieren. So kann mit ganz einfachen Mitteln und Geräten ein hervorragendes Ergebnis erzielt werden. Soll der direkte Kontakt zum Wasser beziehungsweise Dampf aber vermieden werden, deckt man die Speisen einfach mit Frischhaltefolie ab.

Natürlich kann das Dampfgaren nicht alle Kochmethoden ersetzen. Röstaromen lassen sich aber ganz einfach, wie beim Thermalisieren auch, nach dem Garen durch kurzes Anbraten erzeugen. So bleiben die Inhaltsstoffe erhalten und der pure Geschmack erhält eine zusätzliche Note.

Gartemperaturen im Dampfgarer

Gar-/Kerntemperaturen für Fleisch:
Kurzgebratenes – zwischen 52 °C (rare), 58 °C (medium) und 62 °C (well done)
Schmorfleisch – Fleisch mit hohem Anteil an Bindegewebe – zwischen 69 °C und 75 °C

Gar-/Kerntemperaturen für Fisch:
Zwischen 46 °C und 65 °C

Gartemperaturen für Gemüse:
Zwischen 80 °C und 90 °C
Grünes Gemüse lässt sich wunderbar im Dampf garen, es behält seine frische Farbe.

1. Aperitif

Hier erwarten Sie raffinierte Appetitanreger für Ihre Party zu Hause, die Lust auf mehr machen. Gut vorzubereiten und kreativ in Szene gesetzt, hinterlassen diese stylischen Kleinigkeiten bei Ihren Gästen bestimmt einen bleibenden kulinarischen Eindruck. Und der erste Eindruck ist ja bekanntlich das, was zählt.

Aperitif

Zweierlei Oktopus mit Aioli

Zubereitung: 45 Minuten
Garzeit: 12 Stunden
Für 4 Personen

Zutaten

Für den Oktopus

1,5–2 kg Oktopus, küchenfertig vorbereitet
1 große Zwiebel
3 Knoblauchzehen
15 schwarze Pfefferkörner
3 Lorbeerblätter
3 Nelken
Schale von ½ unbehandelten Zitrone
100 ml Weißwein
200 ml Wasser
1 TL Meersalz

Für den Salat

je ½ rote und gelbe Paprikaschote
1 rote Zwiebel
200 g scharfe Chorizo (spanische Paprikawurst)
2 EL gehackte Petersilie
3 EL Olivenöl
Saft von 2 Zitronen
Meersalz | frisch gemahlener schwarzer Pfeffer
Petersilie zum Dekorieren

Für das Aioli

1 Knoblauchzehe
3 Eigelb
Saft von ½ Zitrone
1 Prise Safran
Meersalz | frisch gemahlener schwarzer Pfeffer
100 ml Olivenöl
100 ml Pflanzenöl

Den Oktopus unter kaltem Wasser abspülen. In einen Vakuumbeutel geben, die restlichen Zutaten hinzufügen und den Beutel versiegeln. Im vorgeheizten Thermalisierer bei 75 °C 12 Stunden garen.

Für den Salat Paprika und Zwiebel in feine Streifen schneiden und in eine Schüssel füllen. Die Chorizo häuten, schräg in dünne Scheiben schneiden und in einer heißen Pfanne ohne Fett kurz anbraten. Die Wurstscheiben ohne das ausgetretene Fett ebenfalls in die Schüssel geben.

Den Oktopus aus dem Beutel nehmen, die Haut abstreifen. Von den Tentakeln die dünnen Spitzen abschneiden, aufrollen und mit einem Holzspieß fixieren. Den restlichen Oktopus in etwa 1 cm breite Stücke schneiden und zum Salat geben, die gehackte Petersilie, das Olivenöl und den Zitronensaft hinzufügen, alles gut durchmischen und mit Salz und Pfeffer abschmecken. Die Spieße in einer heißen Pfanne in Olivenöl von beiden Seiten knusprig braten.

Für das Aioli den Knoblauch mit Eigelb, Zitronensaft und Gewürzen in einem Mixbecher mit dem Stabmixer fein pürieren. Danach das Öl langsam zugießen und weitermixen, bis das Aioli die gewünschte Konsistenz hat.

Zum Servieren den Oktopussalat auf Tellern anrichten und mit Petersilie dekorieren. Aioli in Gläser füllen und die Spieße dazugeben.

Aperitif

Jakobsmuschel-Ceviche
auf gebratenen Süßkartoffeln

Zubereitung: 45 Minuten
Marinieren: mindestens 4 Stunden
Garzeit: 20 Minuten
Für 4 Personen

Zutaten

Für die Jakobsmuschel-Ceviche

8 ausgelöste Jakobsmuscheln (ohne Rogen)
Saft von 3 Limetten
1 Chilischote, fein gehackt
1 EL brauner Zucker
5 g Ingwer, fein gerieben
1 EL thailändische Fischsauce
1 EL Koriander, gehackt

Für die Süßkartoffeln

1 Süßkartoffel
1 TL Koriandersamen, fein gemahlen
1 EL Rapsöl
Meersalz | frisch gemahlener schwarzer Pfeffer

Für die Terriyaki-Glasur

1 EL helle Sojasauce
1 EL Mirin (japanischer Süßwein)
1 EL Sake (japanischer Reiswein)
1 EL brauner Zucker

Für die Maiskolben

4 Mini-Maiskolben
10 Szechuan-Pfefferkörner, zerstoßen
1 Prise Meersalz
1 El Rapsöl

1 Die Jakobsmuscheln von dem zähen, kleinen Haltemuskel befreien. Für die Chevice die übrigen Zutaten in einer Schüssel vermischen. Die Muscheln in einen Vakuumbeutel geben und die Marinade dazugießen. Auf höchster Stufe vakuumieren und mindestens 4 Stunden marinieren.

2 Die Süßkartoffel in 5 mm dünne Scheiben schneiden. Anschließend Kreise von 3–5 cm Durchmesser ausstechen und in den Vakuumbeutel geben. Koriander, Öl, Salz und Pfeffer dazugeben und auf höchster Stufe vakuumieren. Im vorgeheizten Thermalisierer bei 80 °C 25 Minuten garen. Herausnehmen und in einer Grillpfanne kurz scharf anbraten.

3 Für die Terriyaki-Glasur alle Zutaten in einen kleinen Topf geben und bei mittlerer Hitze sirupartig einkochen lassen.

4 Die Maiskolben mit Pfeffer und Salz in einen Vakuumbeutel geben und auf höchster Stufe vakuumieren. Im vorgeheizten Thermalisierer bei 80 °C 20 Minuten garen. Aus dem Beutel nehmen, trocken tupfen und in einer heißen Pfanne in Rapsöl rundum goldbraun anbraten. Schräg in Scheiben schneiden.

5 Die Süßkartoffelscheiben auf einem Teller anrichten und mit Terriyaki-Glasur bestreichen. Die Muscheln aus dem Beutel nehmen, in etwa 3 mm dicke Scheiben schneiden und auf den Kartoffeln verteilen. Die Maisscheiben beliebig anlegen. Die Marinade separat in einem Schälchen reichen.

Tipp Wenn es schnell gehen muss, die Jakobsmuscheln vor dem Vakuumieren in etwa 3 mm dicke Scheiben schneiden, dann nur 1 Stunde marinieren.

Aperitif

Jakobsmuscheln mit Karotten-Espuma und Erdnuss-Koriander-Pesto

Zubereitung: 45 Minuten
Garzeit: 25 Minuten
Für 4 Personen

Zutaten

Für die Jakobsmuscheln
4 Jakobsmuscheln, ausgelöst (ohne Rogen)
½ Stängel Zitronengras
10 g Ingwer, geschält
2 Kaffirlimettenblätter
10 weiße Pfefferkörner, grob zerstoßen
2 EL Erdnussöl
Meersalz

Für die Karotten-Espuma
1 Zwiebel
10 g Ingwer, geschält
2 EL Erdnussöl
200 g Karotten
100 g mehligkochende Kartoffeln
250 ml Kokosmilch
1 TL thailändische Fischsauce

Für das Erdnuss-Koriander-Pesto
20 g geröstete, grob gehackte Erdnüsse
2 EL gehackter Koriander
Saft von ½ Limette
½ TL brauner Zucker
½ TL Erdnussöl
2 Spritzer thailändische Fischsauce

Für die Dekoration
4 Wan-Tan-Teigblätter (tiefgekühlt)
Rapsöl zum Frittieren

1. Für die Marinade Zitronengras, Ingwer und Kaffirlimettenblätter mit einem großen Messer fein hacken. Zusammen mit dem Pfeffer im Mörser zu einer feinen Paste zerstoßen, zum Schluss 1 EL Erdnussöl einrühren. Die Muscheln mit der Marinade einreiben, nebeneinander in einen Vakuumbeutel legen und auf höchster Stufe vakuumieren. Den Beutel für 25 Minuten in den auf 46 °C vorgeheizten Thermalisierer geben.

2. Zwiebel und Ingwer fein würfeln und in dem Erdnussöl in einem Topf glasig anschwitzen. Karotten und Kartoffeln schälen, grob zerkleinern und dazugeben. Mit der Kokosmilch aufgießen und alles bei mittlerer Hitze weich kochen. Mit dem Stabmixer fein pürieren und mit Fischsauce abschmecken. Das Karottenpüree sollte dickflüssig sein. Mit einem Trichter in einen ISI-Whip-Siphon einfüllen. Diesen verschließen und mit zwei Stickstoffpatronen laden. Den Siphon in einem Wasserbad knapp unter dem Siedepunkt warm halten.

3. Für das Erdnuss-Koriander-Pesto die Zutaten in einer Schüssel vermischen und eventuell mit Salz und Pfeffer abschmecken.

4. Den aufgetauten Wan-Tan-Teig in Dreiecke schneiden und in heißem Rapsöl goldbraun frittieren. Auf Küchenpapier abtropfen lassen.

5. Die Muscheln aus dem Vakuumbeutel nehmen, mit Küchenpapier abtupfen und in einer beschichteten Pfanne mit 1 EL Erdnussöl auf beiden Seiten jeweils 30 Sekunden scharf anbraten.

6. Karotten-Espuma in kleine Gläser füllen, je eine Muschel obenauf setzen und mit etwas Pesto bedecken. Wan-Tan-Segel dazugeben und servieren.

Aperitif

Riesengarnelen mit Mango-Gurken-Salsa

Zubereitung: 45 Minuten
Marinieren: mindestens 4 Stunden
Garzeit: 30 Minuten
Für 4 Personen

Zutaten

4 Riesengarnelen (à etwa 150 g)
1 EL Madras-Currypulver
Meersalz | frisch gemahlener schwarzer Pfeffer
1 Mango
½ Salatgurke
1 kleine rote Zwiebel
2 kleine Knoblauchzehen
½ Chilischote
50 g Zucker
50 ml Weißweinessig
1 EL gehackter Koriander
1 TL thailändische Fischsauce
2 EL Rapsöl

Zum Dekorieren

Krabbenchips (Krupuk)
Korianderblätter und Chilifäden

1 Die Riesengarnelen schälen, den Kopf entfernen und nur das letzte Schwanzsegment daranlassen. Die Garnelen mit einem scharfen Messer am Rücken entlang leicht einschneiden, den Darm entfernen. Die Garnelen kurz unter kaltem Wasser abwaschen, mit Küchenpapier abtupfen. Mit Currypulver, Salz und Pfeffer würzen und nebeneinander in einen Vakuumbeutel legen. Auf höchster Stufe vakuumieren. Die Garnelen mindestens 4 Stunden, am besten aber über Nacht marinieren. Den Beutel für 30 Minuten in den auf 46 °C vorgeheizten Thermalisierer legen.

2 Die Mango schälen, das Fleisch vom Kern ablösen und in 5 mm große Würfel schneiden. In eine Schüssel geben. Die Gurke schälen, der Länge nach vierteln und die Samen herauskratzen. Die Gurkenstücke waagrecht halbieren, in etwa 5 mm dünne Streifen schneiden und danach in kleine Würfel schneiden. Gurkenwürfel mit den Mangowürfeln vermischen.

3 Zwiebel und Knoblauch schälen und fein würfeln. Chili mitsamt Samen in feine Ringe schneiden. Zwiebel, Knoblauch und Chili in einen kleinen Topf geben, mit Zucker und Essig vermischen, aufkochen und bei mittlerer Hitze sirupartig einkochen. Den Sirup über die Mango- und Gurkenwürfel gießen, etwa 1 EL gehackten Koriander dazugeben und mit Fischsauce würzen.

4 Die Garnelen aus dem Beutel nehmen. Mit Küchenpapier abtupfen und mit 2 EL Rapsöl in einer heißen Pfanne rundum goldbraun anbraten.

5 Den Dip mit einem Esslöffel auf Tellern anrichten und die Garnelen daraufsetzen. Mit Krabbenchips, Koriander und Chilifäden dekorieren.

Aperitif

Gedämpfte Austern mit dreierlei Toppings

Zubereitung: 45 Minuten
Garzeit: 10 Minuten
Für 4 Personen

Zutaten

12 Austern

Für die Gazpacho-Salsa

¼ Gurke, fein gewürfelt
¼ rote Paprikaschote, fein gewürfelt
¼ gelbe Paprikaschote, fein gewürfelt
1 Tomate, gehäutet, von den Samen befreit und fein gewürfelt
Saft von ½ Zitrone
1 EL Olivenöl
1 Spritzer Tabasco
Meersalz | frisch gemahlener schwarzer Pfeffer

Für die Zwiebelvinaigrette

1 rote Zwiebel, fein gewürfelt
1 EL Schnittlauchröllchen
1 TL weißer Balsamico-Essig
1 EL Walnussöl

Für das Sojadressing

2 EL helle Sojasauce
1 TL Sesamöl
3 g Ingwer, in feine Streifen geschnitten
½ Frühlingszwiebel, in feine Ringe geschnitten

Zum Servieren

grobes Meersalz

1. Die Zutaten für jedes Topping in einer separaten Schüssel verrühren und mit Salz und Pfeffer abschmecken.

2. Die Austern mit dem Austernmesser öffnen, die obere Schalenhälfte wegwerfen. Die Austern auf ein mit Küchenpapier ausgelegtes Blech setzen, damit sie nicht umfallen.

3. Das Muschelfleisch aus den Schalen lösen, Sand und Schalenreste entfernen. Das Muschelfleisch wieder hineingeben und im vorgeheizten Dampfgarer bei 80 °C und 100 % Dampf 8 Minuten garen.

4. Herausnehmen, die Austern auf einem Teller mit grobem Meersalz anrichten, die Toppings auf den Austern verteilen und servieren.

Aperitif

Garnelen-Currywurst mit Kartoffelstroh

Zubereitung: 1½ Stunden
Garzeit: 15 Minuten
Für 4 Personen

Zutaten

Für die Garnelenwurst
600 g Riesengarnelen, geschält, Darm entfernt
10 g Ingwer, fein gerieben
2 Knoblauchzehen, fein gehackt
1 Eiweiß
Meersalz | frisch gemahlener schwarzer Pfeffer
Rapsöl zum Anbraten
Currypulver zum Bestauben

Für die pikante Tomatensauce
1 Zwiebel, grob gehackt
2 Knoblauchzehen, grob gehackt
2 EL Olivenöl
1 EL Harissapulver (pikante marokkanische Gewürzmischung)
500 ml Tomatenstücke aus der Dose
2 Lorbeerblätter
Meersalz | frisch gemahlener schwarzer Pfeffer

Für das Kartoffelstroh
400 g festkochende Kartoffeln
1,5 l Rapsöl zum Frittieren
feines Meersalz oder Fleur de Sel

1 Die Garnelen grob zerkleinern und mit Ingwer, Knoblauch, Eiweiß, Salz und Pfeffer im Mixer fein pürieren. Die Masse halbieren, jeweils auf einem Stück Frischhaltefolie verteilen und zu einer Wurst formen. In Alufolie wickeln und im Dampfgarer bei 100 °C und 100 % Dampf 15 Minuten garen. Die Würste in kaltem Wasser abschrecken und auskühlen lassen.

2 Für die pikante Tomatensauce Zwiebel und Knoblauch in dem Olivenöl glasig anschwitzen. Mit Harissapulver bestauben, Tomaten dazugeben, die Dose mit etwas Wasser oder Brühe ausspülen und ebenfalls dazugießen. Die Lorbeerblätter hinzufügen und die Sauce mit Salz und Pfeffer würzen. Bei mittlerer Hitze mindestens 1 Stunde köcheln lassen, bei Bedarf etwas Wasser oder Brühe angießen. Die Sauce zum Schluss mit dem Stabmixer fein pürieren. Abschmecken und warm halten.

3 Die Kartoffeln schälen und in lange, feine Scheiben schneiden. Die Scheiben aufeinanderstapeln, der Länge nach in dünne Streifen schneiden und in kaltes Wasser legen.

4 Das Rapsöl in der Fritteuse oder in einem Topf auf 180–200 °C erhitzen. Die Kartoffeln auf einem Küchentuch ausbreiten. Dann portionsweise mit einem Schaumlöffel in das heiße Fett geben, die Hitze falls nötig reduzieren und die Kartoffeln unter vorsichtigem Rühren goldbraun und knusprig ausbacken. Auf Küchenpapier abtropfen lassen.

5 In der Zwischenzeit die Würste auspacken, trocken tupfen und in einer heißen Pfanne mit Rapsöl rundum anbräunen.

6 Das Kartoffelstroh mit Fleur de Sel bestreuen und auf Tellern anrichten. Etwas Tomatensauce mittig auf jedem Teller verteilen und die in Scheiben geschnittene Garnelenwurst dazugeben, mit Currypulver bestauben und servieren.

Aperitif

Cajun-Schwertfisch mit marinierter Wassermelone und Avocadocreme

Zubereitung: 1½ Stunden
Marinieren: Schwertfisch mindestens 4 Stunden, Wassermelone 1 Stunde
Garzeit: 20 Minuten | Für 4 Personen

Zutaten

Für den Schwertfisch
2 Scheiben Schwertfisch (à 300 g)
2 EL Cajun-Gewürz | 2 EL Erdnussöl

Für die Wassermelone
½ kleine Wassermelone | Saft von 2 Limetten
½ Bund Koriander | 1 EL brauner Zucker
1 EL thailändische Fischsauce
1 Chilischote, fein gehackt

Für die Avocadocreme
1 Avocado | einige Spritzer Limettensaft
Meersalz | frisch gemahlener schwarzer Pfeffer

Zum Dekorieren
rote und grüne Kresseblätter

1 Den Schwertfisch mit Cajun-Gewürz einreiben, mit dem Öl in einen Vakuumbeutel geben und auf höchster Stufe vakuumieren. Mindestens 4 Stunden marinieren, am besten über Nacht.

2 Im vorgeheizten Thermalisierer bei 46 °C 20 Minuten garen. Aus dem Beutel nehmen, trocken tupfen und auf dem Grill oder in einer heißen Grillpfanne auf beiden Seiten scharf anbraten. Herausnehmen und in dünne Scheiben schneiden.

3 Die Wassermelone schälen, in 3 cm dicke, rechteckige Scheiben schneiden und in einen Vakuumbeutel legen. Die übrigen Zutaten in einer Schüssel verrühren und zu den Melonenstücken geben. Auf höchster Stufe vakuumieren und 1 Stunde marinieren. Aus dem Beutel nehmen und in 1 cm dicke Scheiben schneiden.

4 Die Avocado halbieren, den Kern entfernen und das Fruchtfleisch herauslösen. Mit Limettensaft, Salz, Pfeffer und 2–3 EL Wasser fein pürieren. In einen Spritzbeutel oder eine Spritzflasche füllen.

5 Schwertfisch- und Melonenscheiben im Wechsel auf Tellern anrichten, Avocadocreme aufspritzen. Mit Kresseblättern dekorieren.

 Die Wassermelone kann ebenfalls gegrillt werden.

Aperitif

Süßsauer marinierte Lachsforelle mit Chesterbrot

Zubereitung: 45 Minuten
Marinieren: über Nacht
Garzeit: 25 Minuten
Für 4 Personen

Zutaten

Für die marinierte Lachsforelle
2 Lachsforellenfilets (à 250 g)
300 ml Rotweinessig
2 EL Zucker
1 TL Meersalz
3 Lorbeerblätter
15 weiße Pfefferkörner
2 Nelken
1 TL Senfkörner
1 Stängel Dill und Dill zum Dekorieren
2 kleine Karotten, in feine Scheiben geschnitten
6 Frühlingszwiebeln, in 2 cm lange Stücke geschnitten
3 Stangen Sellerie, in feine diagonale Scheiben geschnitten
2 rote Zwiebeln, in feine Scheiben geschnitten

Für das Chesterbrot
5 Scheiben Pumpernickel
Butter zum Bestreichen
Chester- oder Cheddarkäse in Scheiben

1 Gräten aus den Forellenfilets entfernen. Die Filets in vier gleiche Teile schneiden und in einen Vakuumbeutel geben.

2 Für die Marinade den Rotwein mit Zucker, Salz und den Gewürzen in einen Topf geben und zum Kochen bringen, das Gemüse zugeben und einmal aufkochen. Die Marinade auf ein flaches Blech gießen und abkühlen lassen. Die Forellenfilets mit der abgekühlten Marinade bedecken und im Vakuumierer auf höchster Stufe vakuumieren. Über Nacht marinieren.

3 Die Forellenfilets im vorgeheizten Thermalisierer bei 65 °C 25 Minuten garen. Herausnehmen, trocken tupfen und auf Tellern anrichten.

4 Die Pumpernickelscheiben mit Butter bestreichen und mit dem Käse aufschichten. In gleichmäßige Stücke schneiden und mit dem marinierten Fisch servieren.

Tipp Wer die fertig gegarten Forellenfilets nicht sofort servieren möchte, kann die Vakuumbeutel in kaltem Wasser abschrecken und 2–3 Tage im Kühlschrank aufbewahren.

Aperitif

Confierter Thunfisch auf Röstbrot mit Orangen-Fenchel-Salat

Zubereitung: 45 Minuten
Marinieren: über Nacht
Garzeit: 20 Minuten
Für 4 Personen

Zutaten

Für den Thunfisch
2 Scheiben Thunfisch (à 300 g)
frisch gemahlener schwarzer Pfeffer
½ TL Fenchelsamen oder 2 Stängel frische Fenchelblüten
2 Chilischoten, halbiert
1 unbehandelte Limette, in dünne Scheiben geschnitten
300 ml Olivenöl

Für den Orangen-Fenchel-Salat
2 Fenchelknollen mit Grün
4 Orangen, filetiert, Saft aufgefangen
5 EL weißer Balsamico-Essig
Meersalz
½ EL rosa Pfeffer (Schinusbeeren)

Für die Fertigstellung
Weißbrot nach Wahl
2 Limetten halbiert, und kurz gegrillt
Fleur de Sel
frisch gemahlener schwarzer Pfeffer

1. Den Thunfisch mit den Gewürzen einreiben, mit den übrigen Zutaten in einen Vakuumbeutel geben, auf höchster Stufe vakuumieren und über Nacht marinieren. Im vorgeheizten Thermalisierer bei 46 °C 20 Minuten garen. Herausnehmen, das Öl beiseite stellen. Den Fisch in einer heißen Grillpfanne auf beiden Seiten kurz scharf anbraten, auf ein Brett geben und in Scheiben schneiden.

2. Von den Fenchelknollen das Grün abschneiden und beiseite stellen. Die Knollen mit der Aufschnittmaschine oder dem Küchenhobel in sehr feine Scheiben schneiden und für etwa 20 Minuten in eiskaltes Wasser geben. In einer Schüssel mit den Orangenfilets mischen.

3. Den beim Filetieren aufgefangenen Orangensaft mit etwas von dem Olivenöl, in dem der Thunfisch mariniert wurde, Essig und Salz mit dem Stabmixer zu einem cremigen Dressing verarbeiten, zum Salat geben und mit dem fein gehackten Fenchelgrün vermischen.

4. Das Brot in 1 cm dicke Scheiben schneiden und in einer heißen Pfanne mit etwas Thunfisch-Öl auf beiden Seiten goldbraun anbraten. Die Limettenhälften in der heißen Grillpfanne kurz anbraten, um ein schönes Grillmuster zu erzeugen.

5. Den Thunfisch auf die Brotscheiben legen und mit Fleur de Sel und Pfeffer bestreuen. Den Salat daneben anrichten und mit rosa Pfefferkörnern bestreuen. Zum Schluss die gegrillten Limettenhälften dazugeben.

Aperitif

Seeteufelbäckchen im
Serranomantel mit Erbsen-Espuma

Zubereitung: 10 Minuten, plus
  3 Stunden Ruhezeit
Marinieren: mindestens 1 Stunde
Garzeit: 20 Minuten

Zutaten

Für die Seeteufelbäckchen
4 Seeteufelbäckchen (à 100–120 g)
12 Scheiben Serranoschinken
2 EL Olivenöl plus Öl zum Braten
4 Thymianzweige
1 EL Butter

Für das Orangen-Kakao-Langpfeffer-Salz
abgeriebene Schale von 1 unbehandelten
  Orange
5 geröstete Kakaobohnen
5 Langpfefferschoten
1 EL Fleur de Sel

Für die Erbsen-Espuma
200 g Erbsen
4 Blatt Gelatine (8 g)
1 Zwiebel, fein gewürfelt
1 EL Olivenöl
250 ml Geflügel- oder Gemüsebrühe
150 ml Sahne
Meersalz | frisch gemahlener schwarzer Pfeffer
frisch geriebene Muskatnuss
einige Spritzer Zitronensaft
5 Minzeblättchen

1 Die Seeteufelbäckchen in je drei Streifen schneiden und in Serranoschinken wickeln. In einen Vakuumbeutel legen, Olivenöl und die Hälfte des Thymians dazugeben, auf höchster Stufe vakuumieren. Mindestens 1 Stunde im Kühlschrank marinieren. Im vorgeheizten Thermalisierer bei 46 °C 20 Minuten garen.

2 Aus dem Beutel nehmen, mit Küchenpapier abtupfen und in einer heißen Pfanne im Öl rundum scharf anbraten, zum Schluss die Butter und den restlichen Thymian zugeben. Herausnehmen und ruhen lassen.

3 Die Orangenschale auf einem mit Backpapier belegten Blech verteilen und bei 60 °C etwa 2 Stunden im Ofen trocknen. Zusammen mit den Kakaobohnen und dem Langpfeffer im Mörser fein zerstoßen. Mit dem Salz vermischen, aber nicht mehr mörsern.

4 Die Erbsen palen und in kochendem Salzwasser 1 Minute blanchieren, abschrecken. Die Gelatine in kaltem Wasser einweichen. Die Zwiebelwürfel in einer heißen Pfanne mit Olivenöl glasig anschwitzen, die Erbsen dazugeben. Mit Brühe aufgießen und etwa 2 Minuten bei mittlerer Hitze garen. Die Sahne dazugeben und wieder aufkochen. Mit Salz, Pfeffer und Muskat würzen, Zitronensaft und Minzeblättchen dazugeben und fein pürieren.

5 Die Gelatine ausdrücken und in dem heißen Erbsenpüree auflösen. Durch ein feines Sieb in einen ISI-Whip-Siphon füllen, mit zwei Stickstoffpatronen laden, gut schütteln und für mindestens 3 Stunden in den Kühlschrank stellen.

6 Den Siphon kopfüber noch einmal kräftig schütteln und kleine Tupfer auf Teller spritzen. Die Seeteufelbäckchen in mundgerechte Stücke schneiden und daraufsetzen. Mit dem Würzsalz bestreut servieren.

Aperitif

Saibling-Shao-Mai mit Senfdip

Zubereitung: 30 Minuten
Garzeit: 10 Minuten
Für 4 Personen

Zutaten

Für die Saiblings-Shao-Mai
200 g Saiblingsfilet
1 Frühlingszwiebel
1 Knoblauchzehe
6 g Ingwer
2 EL helle Sojasauce
1 TL Shao Xing (dunkler chinesischer Reiswein) oder Sherry
frisch gemahlener weißer Pfeffer
Wan-Tan-Blätter
1 Eigelb, verquirlt
2 TL Saiblingskaviar
Dillspitzen zum Dekorieren

Für die Salatgarnitur
4 lange Gurkenscheiben
Meersalz zum Marinieren
100 g Wildblütensalat
1 EL Reisessig
1 TL Erdnussöl
1 Prise Zucker
Meersalz | frisch gemahlener schwarzer Pfeffer

Für den Senfdip
2 EL milder, körniger Senf
4 EL Crème fraîche
1 TL gehackter Dill
1 TL Honig
Meersalz | frisch gemahlener schwarzer Pfeffer

1. Das Saiblingsfilet von Haut und Gräten befreien. Mit einem großen Messer waagrecht halbieren, in dünne Streifen schneiden, dann fein würfeln und in eine Schüssel füllen.

2. Die Frühlingszwiebel in feine Ringe schneiden, Knoblauch fein hacken, Ingwer reiben. Frühlingszwiebel, Knoblauch und Ingwer zu den Fischwürfeln geben und mit Sojasauce, Shao Xing und Pfeffer vermischen.

3. Die Wan-Tan-Teigblätter rund ausstechen, den Rand mit Eigelb bestreichen und die Füllung mit einem Teelöffel mittig daraufsetzen.

4. Den Teig um die Füllung herum zu einem Rand formen, Shao Mai sind oben geöffnet. Die Teigtaschen auf ein mit einem nassen Küchentuch bedecktes Blech setzen und im vorgeheizten Dampfgarer bei 80 °C und 100 % Dampf 10 Minuten garen.

5. Für die Salatgarnitur die Gurkenscheiben in einer Schüssel mit Salz vermischen und etwa 10 Minuten ziehen lassen. Die übrigen Zutaten in einer separaten Schüssel vermischen, würzen, zu gleich großen Sträußchen bündeln und die Stiele mit jeweils einer Gurkenscheibe einwickeln, sodass das Sträußchen auf dem Teller stabil steht.

6. Die Zutaten für den Dip in einer Schüssel verrühren, würzen und abschmecken. Mit einer Spritzflasche oder einem Spritzbeutel auf den Tellern anrichten. Die Teigtaschen daraufsetzen und mit etwas Saiblingskaviar und Dill dekorieren.

Aperitif

Ratatouille-Gyoza mit Basilikumcreme

Zubereitung: 45 Minuten
Garzeit: 10 Minuten
Für 4 Personen

Zutaten

Für die Ratatouille-Gyoza
¼ gelbe Paprikaschote
¼ rote Paprikaschote
¼ Aubergine
¼ gelbe Zucchini
¼ grüne Zucchini
1 EL Olivenöl
1 kleine Zwiebel
1 Knoblauchzehe
1 TL Tomatenmark
1 TL gehackter Thymian
1 TL gehackter Rosmarin
Gyoza-Teigblätter (aus dem Asialaden)
1 Eigelb, verquirlt
Rapsöl zum Braten

Für die Basilikumcreme
125 ml Sauerrahm
etwa 20 Blätter Basilikum
Meersalz | frisch gemahlener schwarzer Pfeffer
1 TL geröstete Pinienkerne

1. Paprika, Aubergine und Zucchini fein würfeln und in einer heißen Pfanne mit Olivenöl scharf anbraten. Zwiebel und Knoblauch hacken und dazugeben. Tomatenmark unterrühren und kurz mitrösten, dann 3 EL Wasser dazugeben. Mit Salz und Pfeffer würzen, die gehackten Kräuter untermischen und das Gemüse aus der Pfanne nehmen.

2. Die Gyoza-Teigblätter auf der Arbeitsfläche ausbreiten und den Rand mit Eigelb bestreichen. Die Füllung mit einem Teelöffel mittig anrichten, den Teig über die Füllung schlagen. Zum Verschließen der Täschchen entweder den Rand wellenförmig übereinanderschlagen oder mit einer Gabel zusammendrücken.

3. Die Teigtaschen in einer heißen Pfanne mit Rapsöl von beiden Seiten goldbraun anbraten. Danach die Pfanne in den vorgeheizten Dampfgarer stellen und die Gyoza bei 80 °C und 100 % Dampf 10 Minuten garen.

4. Für die Basilikumcreme Sauerrahm und die Hälfte des Basilikums mit dem Stabmixer fein pürieren, dann abschmecken. Den Dip auf Teller verteilen, die Gyoza darauf anrichten und mit den restlichen Basilikumblättchen und gerösteten Pinienkernen dekorieren.

Aperitif

Hanging-Tender-Tataki mit Sojazwiebeln und Gurken-Rettich-Salat

Zubereitung: 45 Minuten
Marinieren: über Nacht
Garzeit: 40 Minuten
Für 4 Personen

Zutaten

Für das Hanging-Tender-Tataki
600 g Hanging Tender (Nierenzapfen, beim Metzger vorbestellen)
2 EL Togarashi (japanische Gewürzmischung)
2 EL Erdnussöl

Für die Sojazwiebeln
3 Zwiebeln, in feine Streifen geschnitten
100 ml helle Sojasauce
100 ml Mirin (süßer japanischer Reiswein)
100 ml Sake
100 g brauner Zucker

Für den Salat
1 Salatgurke
2 rote Rettiche oder Radieschen
1 EL geröstetes Sesamöl
3 EL Reisessig
Meersalz | frisch gemahlener schwarzer Pfeffer

Das Fleisch von Sehnen und Silberhaut befreien und in etwa 300 g große Stücke schneiden. Zusammen mit der Gewürzmischung in einen Vakuumbeutel geben und auf höchster Stufe vakuumieren, über Nacht marinieren.

Im vorgeheizten Thermalisierer bei 54 °C 40 Minuten garen. Herausnehmen, mit Küchenpapier trocken tupfen und in einer heißen Pfanne mit Erdnussöl etwa 30 Sekunden auf beiden Seiten scharf anbraten. Das Fleisch in dünne Scheiben schneiden.

Für die Sojazwiebeln die Zwiebelstreifen zusammen mit den übrigen Zutaten in einen Topf geben und bei mittlerer Hitze sirupartig einkochen.

Gurke und Rettich mit dem Sparschäler in dünne Streifen hobeln und in einer Schüssel mit den übrigen Zutaten vermischen und abschmecken.

Das Fleisch aufgefächert auf Tellern anrichten. Die Sojazwiebeln darauf verteilen und den Salat daneben platzieren.

 Die Sojazwiebeln halten sich im Kühlschrank wochenlang.

Aperitif

5-Spice-Schweinenacken mit Glücksrollen und BBQ-Sauce

Zubereitung: 1 Stunde
Garzeit: 12 Stunden
Für 4 Personen

Zutaten

Für den Schweinenacken

1 kg Spanferkelnacken
Meersalz
Chinesisches Fünf-Gewürze-Pulver
   (siehe Tipp)

Für die BBQ-Sauce

2 Knoblauchzehen, fein gehackt
2 TL geriebener Ingwer
100 ml Shao Xing (dunkler chinesischer
   Reiswein) oder Sherry
100 ml Hoisin-Sauce (aus dem Asialaden)
100 ml Ketchup
100 ml helle Sojasauce
2 EL Sesamöl
1 EL geröstete Sesamsamen

Für die Glücksrollen

½ Gurke
1 Karotte
½ rote Paprikaschote
½ gelbe Paprikaschote
50 g Glasnudeln
8 Blätter Reispapier
8 Stängel Koriander
8 große Minzeblätter

1 Die Schwarte des Schweinenackens rautenförmig einritzen, längs halbieren und mit Salz und Gewürzmischung einreiben. In einen Vakuumbeutel legen und auf höchster Stufe vakuumieren. Im vorgeheizten Thermalisierer bei 69 °C 12 Stunden garen.

2 Herausnehmen und auf einem Backblech im vorgeheizten Backofen mit Grillfunktion bei 200 °C in 15–20 Minuten rundum knusprig grillen. Vor dem Servieren in 1 cm dicke Scheiben schneiden.

3 Die Zutaten für die Sauce in einem Topf aufkochen, 2 Minuten kochen lassen und in Schälchen füllen. Gurke und Karotte schälen, alle Gemüse in feine Streifen schneiden. Die Glasnudeln in warmem Wasser etwa 30 Minuten einweichen, in ein Sieb abgießen. Für 2 Minuten in kochendes Wasser geben, dann abschrecken und abtropfen lassen.

4 Das Reispapier 2–3 Sekunden in eine Schüssel mit kaltem Wasser tauchen. Glasnudeln, Gemüse und frische Kräuter auf dem unteren Drittel des Reispapiers verteilen, dabei rundherum einen etwa zweifingerbreiten Rand lassen. Den unteren Rand über die Füllung legen, die Seiten einschlagen und das Reispapier fest aufrollen. Dann die Rollen in vier bis sechs gleiche Stücke schneiden. Das Messer vorher in Wasser tauchen. Fleisch, einige Stücke Glücksrolle und etwas Sauce auf Tellern anrichten und servieren.

Tipp Für das Fünf-Gewürze-Pulver 2 Sternanis, ½ TL Fenchelsamen, 1 EL Szechuanpfeffer, ½ Zimtstange und 2 Nelken im Mörser fein mahlen und mit 1 TL Kurkuma vermischen.

43

Aperitif

Vitello tonnato

Zubereitung: 20 Minuten
Garzeit: 45 Minuten
Für 4 Personen

Zutaten

1 kg Kalbsfrikandeau, -semmerrolle, -hüfte,
  -rücken oder -filet
1 EL Zitronenpfeffer
1 EL Meersalz
4 EL Olivenöl
1 Stängel Petersilie
2 Zweige Thymian
2 geröstete Knoblauchzehen in der Schale
Öl zum Anbraten

Für die Sauce
1 Dose Thunfischfilet in Olivenöl à 140 g,
  abgetropft
1 EL kleine Kapern
2 Sardellenfilets
2 Eigelb
einige Spritzer Zitronensaft
Meersalz | frisch gemahlener schwarzer Pfeffer
Marinade aus dem Vakuumbeutel (ohne
  Kräuter und Knoblauch)
100 ml Sauerrahm

Für die Dekoration
Kapernäpfel
getrocknete Tomaten
Meersalz | frisch gemahlener schwarzer Pfeffer

1. Das Fleisch von Fett und Sehnen befreien und in zwei Stücke schneiden. Küchengarn fest um die beiden Stücke binden, um die Form zu erhalten und ein gleichmäßiges Garen zu gewährleisten. Mit Zitronenpfeffer und Salz würzen und in Pflanzenöl in einer heißen Pfanne auf beiden Seiten scharf anbraten. Herausnehmen und vollständig abkühlen lassen.

2. Mit dem Olivenöl, den Kräutern und den Knoblauchzehen in einen Vakuumbeutel geben und auf höchster Stufe vakuumieren. Im vorgeheizten Thermalisierer bei 56 °C 45 Minuten garen. Wer ganz sicher gehen will, verwendet den Kerntemperaturfühler.

3. Das Fleisch entweder sofort aus dem Beutel nehmen, dünn aufschneiden und servieren oder im Vakuumbeutel lassen, in Eiswasser abkühlen und bis zur Verwendung im Kühlschrank aufbewahren (maximal 3 Tage).

4. Für die Sauce alle Zutaten in den Mixer geben und fein pürieren. Die Fleischscheiben mit der Thunfischsauce beliebig anrichten und mit halbierten Kapernäpfeln und getrockneten Tomaten dekorieren. Salz und Pfeffer darübergeben.

Aperitif

Ei im Glas mit gebratenen Kräuterseitlingen

Zubereitung: 30 Minuten
Garzeit: 1 Stunde
Für 4 Personen

Zutaten

4 Bio-Eier
200 g Kräuterseitlinge (oder andere Pilze)
5 EL Olivenöl
1 Schalotte, fein gewürfelt
1 EL Butter
1 EL fein geschnittene Petersilie
1 EL fein gehackter Liebstöckel
Fleur de Sel
frisch gemahlener schwarzer Pfeffer
4 Scheiben Parmaschinken
2 Scheiben Weißbrot

1 Die Eier vorsichtig einstechen und für 1 Stunde in den auf 69 °C vorgeheizten Thermalisierer geben. Herausnehmen und beiseite legen.

2 Die Kräuterseitlinge mit einem Tuch oder Pinsel säubern und in mundgerechte Stücke schneiden. In einer heißen Pfanne mit 3 EL Olivenöl scharf anbraten, bis die Pilze eine schöne Röstnote haben, dann die Schalotte dazugeben und ebenfalls leicht bräunen. Die Butter unterrühren, dann die Kräuter, zum Schluss mit Salz und Pfeffer würzen.

3 Die Schinkenscheiben auf einem mit Backpapier bedeckten Blech auslegen. Mit einem weiteren Stück Backpapier bedecken und mit einem zweiten Backblech beschweren. Im vorgeheizten Ofen bei 180 °C in 17–20 Minuten knusprig backen. Herausnehmen und abkühlen lassen.

4 Die Weißbrotscheiben der Länge nach halbieren und in einer heißen Pfanne mit dem restlichen Olivenöl auf beiden Seiten goldbraun braten, herausnehmen und abkühlen lassen.

5 Die Pilze auf vier Gläser verteilen. Die Eier aus dem Wasserbad nehmen und kurz in kaltem Wasser abschrecken. Die Eier vorsichtig aufschlagen und auf die Pilze gleiten lassen. Röstbrot und Schinkenchip anlegen, mit Salz und Pfeffer bestreuen und servieren.

Aperitif

Knusprige Kalbsbäckchen mit grüner Sauce und Wachtelei

Zubereitung: 45 Minuten
Garzeit: 24 Stunden
Für 4–6 Personen

Zutaten

Für die Kalbsbäckchen
4 Kalbsbäckchen (etwa 800 g)
Meersalz | frisch gemahlener schwarzer Pfeffer
2 EL Rapsöl
2 EL Butter
1 Zweig Thymian
Mehl
2 Eier, verquirlt
Panko (japanische Semmelbrösel) zum Panieren
Butterschmalz oder geklärte Butter zum Braten

Für die grüne Sauce
½ Bund Kräuter für grüne Sauce (Schnittlauch, Kerbel, Sauerampfer, Borretsch, Pimpinelle, Kresse, Petersilie)
200 ml Sauerrahm
Meersalz | frisch gemahlener schwarzer Pfeffer
etwas Zitronensaft

Für die Fertigstellung
8 Wachteleier
1 Messerspitze gemahlene Selleriesamen, mit 1 TL Fleur de Sel vermischt
Kerbelblättchen
Schnittlauch

1. Die Kalbsbäckchen unter kaltem Wasser abspülen und mit Küchenpapier trocken tupfen. Die äußeren Sehnen und Silberhäute entfernen. Das Fleisch mit Salz und Pfeffer würzen und in einer heißen Pfanne mit Rapsöl auf beiden Seiten scharf anbraten. Die Kalbsbäckchen in einen Vakuumbeutel legen.

2. In derselben Pfanne die Butter erhitzen, bis sie leicht aufschäumt und ein nussiges Aroma entwickelt. In eine Schüssel gießen und abkühlen lassen. Die abgekühlte Butter mit dem Thymianzweig zu den Bäckchen in den Beutel geben und auf höchster Stufe vakuumieren. Im vorgeheizten Thermalisierer bei 69 °C 24 Stunden garen.

3. Die Kalbsbäckchen herausnehmen, trocken tupfen und in mundgerechte Würfel schneiden. Die Würfel in Mehl wenden, durch das verquirlte Ei ziehen und zum Schluss mit Panko-Bröseln panieren. In einer heißen Pfanne mit Butterschmalz bei mittlerer Hitze rundherum goldbraun braten.

4. Die Kräuterblättchen von den Stängeln zupfen und zusammen mit dem Sauerrahm in den Mixer geben. Mit Salz, Pfeffer und Zitronensaft würzen und fein pürieren.

5. Die Wachteleier in kochendem Wasser in 2½ Minuten wachsweich kochen. Herausnehmen und in kaltem Wasser abschrecken, schälen und halbieren.

6. Die Fleischwürfel aus der Pfanne nehmen und abtupfen, nach Belieben halbieren. Etwas Sauce auf die Teller gießen, Fleischwürfel daraufsetzen, die Wachteleier anlegen und mit Selleriesalz bestreuen. Mit frisch gemahlenem Pfeffer, Kerbel und Schnittlauch dekorieren.

2. Dazwischen

Diese Rezepte sind fantastisch als Zwischengänge in Ihrem Menü oder auch als eigenständige Gerichte für den kleinen und größeren Hunger. Sie werden hier auch Klassiker entdecken, die sich sous vide perfekt zubereiten lassen.

Dazwischen

Orangen-Ingwer-Karotten mit feinen Gewürzen

Zubereitung: 30 Minuten
Garzeit: 1 Stunde
Für 4 Personen

Zutaten

6 Karotten, geschält und in Stäbchen geschnitten
20 g Ingwer, in feine Scheiben geschnitten
3 Sternanis
½ Stange Zimt
Saft von 3 Orangen
2 EL Butter
Meersalz
3 Langpfefferschoten, fein gemörsert

1. Die Karotten zusammen mit den übrigen Zutaten in einen Vakuumbeutel geben und auf höchster Stufe vakuumieren. Im vorgeheizten Thermalisierer bei 85 °C 1 Stunde garen.

2. In kaltem Wasser abschrecken, die Gewürze entfernen und bis zur Verwendung im Kühlschrank aufbewahren. Die gegarten Karotten sind mindestens 2 Wochen haltbar.

3. Zum Fertigstellen den Beutelinhalt in einem Topf kurz aufkochen und auf Tellern nach Wunsch anrichten.

Tipp Als Alternative können Sie statt Karotten auch Kürbis oder Süßkartoffeln nehmen. Allerdings sollten Sie dann die Garzeit etwa um die Hälfte reduzieren. Und probieren Sie anstelle von Orangensaft auch einmal Passionsfrucht- oder Karottensaft!

Süßsaurer Kürbis mit Langpfeffer

Zubereitung: 30 Minuten
Garzeit: 1 Stunde
Für 4 Personen

Zutaten

1 Hokkaidokürbis

Für die Marinade
300 ml Apfelessig
10 Kardamomkapseln
1 TL Senfkörner
1 Chilischote, fein gehackt
1 Zwiebel
4 Lorbeerblätter
2 Nelken
2 EL Zucker
1 TL grob gemörserter Langpfeffer
1 TL Meersalz

1. Den Kürbis waschen und halbieren. Die Kerne mit einem Esslöffel entfernen. Den Kürbis in gleichmäßige mundgerechte Würfel schneiden und in einen Vakuumbeutel geben.

2. Für die Marinade den Essig mit den übrigen Zutaten in einem Topf einmal aufkochen, danach vollständig abkühlen lassen. Die Marinade zu den Kürbisstücken geben und auf höchster Stufe vakuumieren. Im vorgeheizten Thermalisierer bei 80 °C 1 Stunde garen.

3. Das Gemüse sofort servieren oder den Beutel in kaltem Wasser abschrecken und bis zum Gebrauch im Kühlschrank aufbewahren. Vakuumiert ist der Kürbis mindestens 2 Monate haltbar.

Orientalische Rote Bete mit Raz el Hanout

Zubereitung: 30 Minuten
Garzeit: 1½ Stunden
Für 4 Personen

Zutaten

6 mittelgroße Rote Beten
200 ml Rote-Bete-Saft
1 EL heller Essig
1 Tl zerstoßener Kreuzkümmel
½ TL gemahlener Zimt
1 EL Raz el Hanout (marokkanische Gewürzmischung)
2 EL Argan-Öl
1 TL Meersalz
frisch gemahlener schwarzer Pfeffer

1. Die Rote Bete schälen, Blattansatz und Wurzel entfernen. Die Knollen achteln und in einen Vakuumbeutel füllen. Die übrigen Zutaten vermischen und dazugeben. Den Beutel auf höchster Stufe vakuumieren. Im vorgeheizten Thermalisierer bei 85 °C 1½ Stunden garen.

2. Die Rote Bete sofort servieren oder den Beutel in kaltem Wasser abschrecken und bis zum Gebrauch im Kühlschrank aufbewahren. Vakuumiert ist die Rote Bete mindestens 4 Wochen haltbar.

Dazwischen

Garnelen-Wan-Tan mit Chilidip

Zubereitung: 30 Minuten
Garzeit: 10 Minuten
Für 4 Personen

Zutaten

Für die Garnelen-Wan-Tan
200 g Garnelen, geschält
⅓ Stängel Zitronengras
1 Knoblauchzehe
1 EL gehackte Korianderstängel
6 g Ingwer
2 EL helle Sojasauce
1 TL Sesamöl
Meersalz | frisch gemahlener schwarzer Pfeffer
Wan-Tan-Teigblätter
1 Eigelb, verquirlt

Für den Chilidip
2 EL Sojasauce
2 EL thailändische Fischsauce
½ Chilischote
etwas Koriandergrün
1 EL brauner Zucker
1 TL geröstete Sesamsamen
Saft von 1 Limette

Die Garnelen fein hacken und in eine Schüssel füllen. Zitronengras und Knoblauch ebenfalls fein hacken, zusammen mit den Korianderstängeln unter die Garnelen mischen. Den Ingwer fein reiben und dazugeben. Mit Sojasauce, Sesamöl, Salz und Pfeffer würzen.

Die Wan-Tan-Teigblätter auf der Arbeitsplatte ausbreiten, den Rand mit etwas Eigelb bestreichen. Die Füllung mit einem Teelöffel mittig daraufsetzen. Jeweils zwei gegenüberliegende Teigecken zusammendrücken und die Ränder verschließen.

Die Teigtaschen auf ein mit einem nassen Küchentuch ausgelegtes Backblech setzen und im vorgeheizten Dampfgarer bei 80 °C und 100 % Dampf 10 Minuten garen.

Für den Dip alle Zutaten in einer Schüssel verrühren und in kleine Schälchen verteilen. Für die Tellerdekoration Bananenblätter in Form schneiden und kurz über der Gasflamme oder auf der heißen Herdplatte erhitzen, bis sie glänzen. Die Teigtaschen darauf anrichten und servieren.

Dazwischen

Fetziger Räucherlachs mit Senfgurken

Zubereitung: 30 Minuten
Marinieren: Lachs über Nacht, Gurken
　1–2 Stunden
Garzeit: 25 Minuten
Für 6 Personen

Zutaten

Für den Räucherlachs
300 g Lachsfilet
2 EL Flüssigrauch mit Hickory-Aroma
1 EL Räuchersalz
frisch gemahlener schwarzer Pfeffer
2 EL Ahornsirup
2 EL Räucheröl zum Anbraten

Für die Senfgurken
1 Gemüsegurke (etwa 300 g)
5 EL Zucker
200 ml Weißweinessig
1 TL Chiliflocken
2 EL grober Senf
1 EL gehackter Dill
Meersalz | frisch gemahlener schwarzer Pfeffer

Für die Fertigstellung
1 rote Zwiebel, fein gewürfelt
4 TL Crème fraîche
Dillspitzen

1 Lachs mit Flüssigrauch, Räuchersalz, Pfeffer und Ahornsirup in einen Vakuumbeutel geben und auf höchster Stufe vakuumieren. Über Nacht marinieren.

2 Im vorgeheizten Thermalisierer bei 46 °C 25 Minuten garen. Aus dem Beutel nehmen und in einer heißen Pfanne mit Räucheröl kurz scharf anbraten. Aus der Pfanne nehmen, in eine Schüssel geben und mit zwei Gabeln das Fleisch auseinanderrupfen.

3 Die Gurke schälen, der Länge nach vierteln, entkernen und in einen Vakuumbeutel geben. Die übrigen Zutaten in einer Schüssel gut vermischen, zu den Gurken geben und auf höchster Stufe vakuumieren. 1–2 Stunden marinieren.

4 Die Gurke herausnehmen, in feine Würfel schneiden und mit etwas Garflüssigkeit und den Zwiebelwürfeln mit den Lachsfetzen vermischen. Falls nötig mit Salz und Pfeffer nachwürzen.

5 Den Lachs auf Tellern anrichten, jeweils einen Teelöffel Crème fraîche dazugeben und mit Dill dekorieren. Mit knusprig geröstetem Weißbrot servieren.

Tipp Dieses Rezept bietet die Möglichkeit, Randstücke und Abschnitte von einem Lachs zu verwerten.

Dazwischen

Breznknödel-Auflauf mit Rahmpfifferlingen

Zubereitung: 1 Stunde
Garzeit: 25 Minuten
Für 4 Personen

Zutaten

Für den Auflauf
1 Zwiebel, fein gewürfelt
2 EL Butter | 200 ml Milch
Meersalz | frisch gemahlener schwarzer Pfeffer
Muskatnuss, frisch gerieben
6 Laugenbrezen, in kleine Würfel geschnitten
3 Eier | 1 EL Liebstöckel, gehackt
Butter und Semmelbrösel für die Formen

Für die Rahmpfifferlinge
600 g Pfifferlinge | 2 EL Mehl
4 EL Butterschmalz | 2 Zwiebeln, fein gewürfelt
200 ml Weißwein | 250 ml Geflügelbrühe
250 ml flüssige Sahne
Meersalz | frisch gemahlener schwarzer Pfeffer
1 EL Speisestärke
200 ml Sahne, steif geschlagen
Liebstöckel, gehackt, zum Bestreuen

1. Die Zwiebel in einer heißen Pfanne mit Butter anschwitzen, die Milch angießen, mit Salz, Pfeffer und Muskatnuss kräftig würzen und aufkochen. Die heiße Milch über die Brezenwürfel gießen. 20 Minuten ziehen lassen.

2. Die Eier trennen, Eigelb und Liebstöckel unter die Brezenmasse rühren, Eiweiß steif schlagen und unterheben.

3. Die Formen buttern und mit Semmelbröseln ausstreuen. Die Masse bis etwa 1 cm unter den Rand einfüllen und im vorgeheizten Dampfgarer bei 100 °C und 60 % Dampf 25 Minuten garen. Nach Belieben stürzen oder in der Form servieren.

4. Die Pfifferlinge in kaltem Wasser mit dem Mehl kurz waschen und auf Küchenpapier abtropfen lassen. Die Pilze in einer heißen Pfanne mit Butterschmalz bei hoher Temperatur anbräunen. Die Zwiebeln dazugeben und kurz anschwitzen. Mit Weißwein ablöschen, die Brühe dazugeben und aufkochen. Dann die Sahne hinzufügen, wieder aufkochen und mit Salz und Pfeffer abschmecken.

5. Die Speisestärke mit etwas kaltem Wasser anrühren und löffelweise unter Rühren zu den Pifferlingen geben. Weitere 3 Minuten kochen, dann die Schlagsahne unterziehen. Den Liebstöckel darüberstreuen und die Rahmpfifferlinge zusammen mit dem Breznknödel-Auflauf servieren.

_____Dazwischen_____

Geräucherte Entenbrust mit Blumenkohlmousse und Portweinreduktion

Zubereitung: 45 Minuten
Garzeit: je 30 Minuten (Ente und Blumenkohl)
Marinieren: mindestens 4 Stunden
Für 4 Personen

Zutaten

Für die Entenbrust
2 Entenbruste (à 200 g)
1 TL geräuchertes Meersalz
frisch gemahlener schwarzer Pfeffer
1 EL Räucheröl
Rapsöl zum Anbraten

Für die Blumenkohlmousse
1 kleine Zwiebel
1 EL Butter
400 g Blumenkohl
300 ml Milch
Meersalz
frisch gemahlener weißer Pfeffer
frisch geriebene Muskatnuss
½ TL Kurkuma

Für die Portweinreduktion
300 ml roter Portwein

1. Von den Entenbrüsten die Silberhaut entfernen, die Fettschicht rautenförmig einschneiden. Von beiden Seiten mit Salz und Pfeffer einreiben, in einen Vakuumbeutel legen, mit Räucheröl beträufeln und auf höchster Stufe vakuumieren. Mindestens 4 Stunden, eher über Nacht, marinieren. Anschließend im vorgeheizten Thermalisierer bei 58 °C 30 Minuten garen.

2. Für die Blumenkohlmousse die Zwiebel fein würfeln und mit der Butter glasig anschwitzen. 300 g von dem Blumenkohl grob zerkleinert dazugeben, die Milch angießen, mit etwas Meersalz, weißem Pfeffer und Muskat würzen. Bei mittlerer Hitze garen, bis der Blumenkohl weich ist. Zum Schluss mit dem Stabmixer fein pürieren und abschmecken.

3. In einem Topf 100 ml Wasser mit Meersalz und Kurkuma aufkochen und abkühlen lassen. Den übrigen Blumenkohl in Röschen teilen und in etwa 5 mm dünne Scheiben schneiden. In einen Vakuumbeutel geben, mit dem Kurkumafond übergießen und im Vakuumierer auf höchster Stufe vakuumieren. Den Beutel in den auf 69 °C vorgeheizten Thermalisierer legen und den Blumenkohl 30 Minuten garen.

4. Für die Portweinreduktion den Alkohol in einem kleinen Topf bei mittlerer Hitze sirupartig einkochen. Die Entenbrüste aus dem Vakuumbeutel nehmen und mit Küchenpapier abtupfen. In einer Pfanne etwas Rapsöl erhitzen. Das Fleisch auf der Hautseite goldbraun anbraten, wenden und von der anderen Seite ebenfalls kurz anbraten. Aus der Pfanne nehmen und in dünne Scheiben schneiden.

5. Zum Anrichten die Portweinreduktion auf Teller geben. Blumenkohlmousse, Entenbrust und Kurkumablumenkohl darauf verteilen.

Dazwischen

Sandwich mit Flank-Steak-Pastrami
mit gebratenen Äpfeln und Senf-Kraut

Zubereitung: 45 Minuten
Marinieren: 2 Tage
Garzeit: 2 Stunden
Für 4 Personen

Zutaten

Für das Flank-Steak-Pastrami
700 g Flank-Steak (Bavette, Dünnung)
12 g Pökelsalz
2 EL roter Kambodschapfeffer
2 EL getrocknete Knoblauchscheiben
2 EL Röstzwiebeln, im Mörser grob zerstoßen
1 EL Räuchersalz
2 EL Räucheröl
2 El Rapsöl zum Anbraten

Für das Senf-Kraut
4 Scheiben Speck, fein gewürfelt
1 Zwiebel, in feine Streifen geschnitten
1 EL Butter
500 g Sauerkraut
200 ml Geflügelbrühe
2 Lorbeerblätter
2 EL grober Senf
Meersalz | frisch gemahlener schwarzer Pfeffer

Für die Fertigstellung
3 Äpfel (nicht zu sauer), entkernt und in
   1 cm dicke Scheiben geschnitten
Butterschmalz zum Anbraten
8 Scheiben Roggenbrot, getoastet
Butter zum Bestreichen

1 Für die Pökelmarinade Pökelsalz, jeweils 1 EL Kambodschapfeffer und Knoblauchscheiben in einer Schüssel mischen, das Fleisch damit einreiben und in einem Vakuumbeutel auf höchster Stufe vakuumieren. Im Kühlschrank bei 2–5 °C 2 Tage pökeln.

2 Das Fleisch aus dem Beutel nehmen, abspülen und für 30 Minuten in eine Schüssel mit kaltem Wasser legen. Das Wasser wechseln und das Fleisch nochmals 30 Minuten wässern.

3 Restlichen Kambodschapfeffer und Knoblauch sowie die Röstzwiebeln im Mörser grob zerstoßen, mit Räuchersalz und Räucheröl mischen. Das Fleisch abtrocknen und damit einreiben. In einen Vakuumbeutel geben und auf höchster Stufe vakuumieren. Im vorgeheizten Thermalisierer bei 65 °C 2 Stunden garen.

4 Aus dem Beutel nehmen, trocken tupfen und auf dem Grill oder in einer heißen Pfanne mit dem Öl auf beiden Seiten etwa 1 Minute scharf anbraten. Warm oder abgekühlt dünn aufschneiden.

5 In einem heißen Topf den Speck scharf anbraten, die Zwiebel dazugeben und mit der Butter glasig anschwitzen. Sauerkraut untermischen, mit Brühe begießen, Lorbeerblätter einlegen und bei mittlerer Hitze etwa 30 Minuten garen, bis das Kraut den gewünschten Biss hat und die Flüssigkeit größtenteils verkocht ist. Mit dem Senf, Salz und Pfeffer würzen.

6 Die Apfelscheiben in einer heißen Pfanne mit Butterschmalz auf beiden Seiten goldbraun anbraten und bis zum Servieren im Ofen bei 80 °C warm halten. Die Brotscheiben mit Butter bestreichen und mit Kraut, Apfelscheiben und Fleisch belegen.

Dazwischen

Zweierlei confierte Entenkeule mit Portweinfeigen

Zubereitung: 30 Minuten
Marinieren: mindestens 2 Stunden
Garzeit: Entenkeulen 8 Stunden,
   Feigen 25 Minuten
Für 4 Personen

Zutaten

Für die Entenkeulen
4 Entenkeulen
250 g zimmerwarmes Entenschmalz
   oder geklärte Butter
2 Zweige Rosmarin
2 Zweige Thymian
2 geröstete Knoblauchzehen (in der Schale)
Meersalz | frisch gemahlener schwarzer Pfeffer

Für die Portweinfeigen
16 kleine Feigen
500 ml roter Portwein
3 Lorbeerblätter
4 Langpfefferschoten, grob zerstoßen

1 Die Entenkeulen würzen, mit den restlichen Zutaten in einen Vakuumbeutel geben und auf höchster Stufe vakuumieren. Im vorgeheizten Thermalisierer bei 69 °C 8 Stunden garen. Herausnehmen und auf ein Backblech legen. Im vorgeheizten Ofen bei 200 °C mit Grillfunktion in etwa 20 Minuten knusprig rösten.

2 Die Feigen halbieren und mit den restlichen Zutaten in einen Vakuumbeutel füllen. Nur leicht vakuumieren und mindestens 2 Stunden marinieren, am besten aber über Nacht. Im vorgeheizten Thermalisierer bei 65 °C 25 Minuten garen.

3 Die Feigen aus dem Beutel nehmen, den Sud in einem Topf sirupartig einkochen. Beiseite stellen. Die knusprigen Entenkeulen auf Teller geben, die Feigen anlegen und mit Portweinreduktion übergießen.

Tipp Die gegarten Entenkeulen lassen sich auch zu Rillette verarbeiten. Dazu die Haut entfernen, das Fleisch vom Knochen lösen, fein hacken, mit dem Schmalz vermischen und eventuell nachwürzen. In Einmachgläser gefüllt und mit Schmalz übergossen ist die Rillette monatelang haltbar. Zum Servieren die Rillette in Gläser füllen, mit Röstzwiebeln dekorieren und mit kräftigem Brot servieren.

Dazwischen

Krautwickel mit Hühnchenfüllung und pikanter Paprikamarmelade

Zubereitung: 45 Minuten
Garzeit: 20 Minuten
Für 4 Personen

Zutaten

Für die Krautwickel

8 große Spitzkohlblätter
2 Knoblauchzehen, in feine Scheiben geschnitten
2 EL Olivenöl oder Butterschmalz zum Anbraten
1 kleine Zwiebel, fein gewürfelt
2 Hühnerbrustfilets (à 150 g), fein gehackt
2 Zweige Thymian, fein gehackt
1 Zweig Rosmarin, fein gehackt
1 EL fein gehackte Petersilie
Meersalz | frisch gemahlener schwarzer Pfeffer

Für die Paprikamarmelade

1 Zwiebel, fein gewürfelt
1 Knoblauchzehe, fein gehackt
1 Chilischote, fein gehackt
2 EL Olivenöl
3 EL Zucker

100 ml Apfelessig (oder ein anderer heller Essig)
1 Glas geröstete Paprikaschoten (etwa 150 g)
Meersalz | frisch gemahlener schwarzer Pfeffer

1 Die Spitzkohlblätter in einem Topf mit kochendem Salzwasser 2–3 Minuten blanchieren, dann in kaltem Wasser abschrecken. Die Blätter auf einem Küchentuch ausbreiten und mit einem zweiten Küchentuch bedecken. Mit dem Nudelholz kräftig darüberrollen, um den Strunk flach zu drücken.

2 Den Knoblauch in einer heißen Pfanne mit dem Fett knusprig anbraten, dann die Zwiebel dazugeben und mitrösten. Mit dem Hühnchenfleisch und den Kräutern vermischen, alles mit Salz und Pfeffer würzen, dann in einen Spritzbeutel füllen.

3 Die Spitzkohlblätter auf der Arbeitsfläche ausbreiten und die Fleischmasse mit dem Spritzbeutel oder mit einem Esslöffel gleichmäßig darauf verteilen. Die Seitenränder umschlagen und die Blätter fest aufrollen. Die Krautwickel auf ein gebuttertes Lochblech setzen und im vorgeheizten Dampfgarer bei 80 °C und 100 % Dampf 20 Minuten garen.

4 Für die Paprikamarmelade die Zwiebel mit Knoblauch und Chili in einer heißen Pfanne mit Olivenöl glasig anschwitzen. Den Zucker unterrühren, mit Essig ablöschen und die abgegossenen Paprikaschoten dazugeben. Alles etwa 5 Minuten kochen lassen. Anschließend mit dem Mixstab fein pürieren und abschmecken.

5 Zum Servieren die Krautwickel diagonal halbieren und die Sauce dazu in einer kleinen Schale zum Dippen anrichten.

 Mit etwas fein gewürfeltem Toastbrot wird die Masse noch lockerer.

_____Dazwischen_____

Asia-Hefeknödel mit Hackfleischfüllung

Zubereitung: 1½ Stunden
Garzeit: 20 Minuten
Für 4 Personen

Zutaten

Für den Hefeteig
500 g Mehl (Type 405)
1 Würfel frische Hefe
1 Prise Zucker
Mineralwasser nach Bedarf
1 Ei
1 TL Meersalz

Für die Hackfleischfüllung
300 g Hackfleisch vom Schwein
2 EL Rapsöl
1 Zwiebel, fein gewürfelt
3 Knoblauchzehen, fein gehackt
5 g Ingwer, fein gerieben
2–3 EL Schwarze-Bohnen-Paste (aus dem Asialaden)
2 Frühlingszwiebeln, fein geschnitten
Meersalz | frisch gemahlener schwarzer Pfeffer

Für die Fertigstellung
Sesamöl zum Bestreichen
Frühlingszwiebeln fein geschnitten
schwarze Sesamsamen

1. Das Mehl in eine große Schüssel geben und in der Mitte eine Mulde für die Hefe formen. Die Hefe zerbröseln, in die Mulde geben, den Zucker darüberstreuen und die Hefe mit etwas Mineralwasser verrühren. Die Schüssel mit einem Tuch bedecken und an einem warmen Ort 30 Minuten stehen lassen.

2. Jetzt das Ei dazugeben, mit Salz würzen und mit etwas mehr Mineralwasser alles zu einem glatten Teig kneten. Er sollte nicht kleben, falls nötig noch etwas Mehl dazugeben. Abgedeckt weitere 30 Minuten gehen lassen.

3. Das Hackfleisch in einer heißen Pfanne mit Rapsöl anbräunen. Zwiebel, Knoblauch und Ingwer kurz mitbraten. Die Bohnenpaste dazugeben, Frühlingszwiebeln unterrühren und die Masse mit Salz und Pfeffer würzen.

4. Den Teig gut durchkneten, zu einer Rolle mit etwa 5 cm Durchmesser formen und in zwölf gleiche Stücke teilen. Die Stücke zu Kugeln formen, zu kleinen runden Fladen drücken, etwa einen Teelöffel von der Hackfleischmasse daraufgeben, verschließen und wieder zu gleichmäßigen Kugeln formen.

5. Auf einem mit einem feuchten Küchentuch ausgelegten Dampfgarereinsatz verteilen und im vorgeheizten Dampfgarer bei 100 °C bei 100 % Dampf 20 Minuten garen.

6. Die Hefeknödel auf einen Teller geben, mit Sesamöl bestreichen und mit Frühlingszwiebeln und etwas schwarzem Sesam dekorieren.

Dazwischen

California-Roll mit Teriyaki-Rinderfilet

Zubereitung: 1 Stunde
Marinieren: über Nacht
Garzeit: 25 Minuten
Für 4 Personen

Zutaten

Für die California-Roll
4 Rindermedaillons (à 100 g)
frisch gemörserter Szechuanpfeffer
1 Frühlingszwiebel, sehr fein geschnitten
1 EL Sesamöl
Meersalz
400 g Sushireis
4 EL Sushiwürzessig (aus dem Asialaden)
4 Nori-Blätter, halbiert
125 g Frischkäse
½ Salatgurke, in 1 cm dicke Streifen geschnitten
½ gelber Daikon-Rettich, in 1 cm dicke Streifen geschnitten
1 Avocado, geschält, entkernt und in 1 cm dicke Streifen geschnitten
Sojazwiebeln (siehe Rezept Seite 40)
Gartenkresse, Shisokresse oder Koriander

Für die Wasabi-Mayonnaise
4 EL japanische Mayonnaise (aus dem Asialaden)
Wasabipaste nach Geschmack

Für die Fertigstellung
schwarzer und weißer Sesam
Sushi-Ingwer

1 Die Medaillons mit dem Szechuanpfeffer, der Frühlingszwiebel und dem Sesamöl in einem Vakuumbeutel auf höchster Stufe vakuumieren und über Nacht marinieren. Im vorgeheizten Thermalisierer bei 54 °C 25 Minuten garen. Herausnehmen, mit Küchenpapier trocken tupfen und in einer heißen Pfanne mit Pflanzenöl etwa 30 Sekunden auf jeder Seite scharf anbraten. In 2 cm dicke Streifen schneiden und mit Salz würzen.

2 Den Sushireis nach Packungsanweisung garen, dann in einem flachen Behälter mit dem Würzessig vermischen, abschmecken und leicht abkühlen lassen.

3 Die Sushimatte mit Frischhaltefolie bedecken, damit der Reis nicht kleben bleibt. Den Reis mit feuchten Händen etwa 1 cm dick auf der vorderen Hälfte der Matte verteilen. Darauf achten, dass ein etwa zwei Finger breiter Rand frei bleibt.

4 Die Mayonnaise mit dem Wasabi zur gewünschten Schärfe anrühren. Nach Geschmack den Wasabi eventuell ganz weglassen.

5 Die Noriblätter so auf den Reis legen, dass sie am unteren Ende etwa 3 cm überstehen, damit sie die Füllung ummanteln können. Den Frischkäse mit dem Spritzbeutel auf der Kante dünn von der linken zur rechten Seite auftragen. Gurke, Rettich und Avocado links und rechts vom Frischkäsestreifen anlegen. Jetzt das Fleisch darauf anrichten und mit Sojazwiebeln und Kräutern bedecken. Das überstehende Noriblatt über die Füllung schlagen, leicht andrücken und jetzt die Bambusmatte mit dem Reis ebenfalls über die Füllung rollen, fest andrücken und zu einer kompakten Rolle wickeln.

6 Die Rolle aus der Matte nehmen und in etwa 2 cm dicke Scheiben schneiden. Mit Sushi-Ingwer und Wasabi-Mayonnaise servieren.

Dazwischen

Pulled-Pork-Sandwich mit
Caesar-Salat und lila Kartoffelchips

Zubereitung: 1½ Stunden
Garzeit: 36 Stunden
Für 4 Personen

Zutaten

Für das Pulled Pork
1 kg Schweineschulter
2 EL geräuchertes Paprikapulver
3 EL grober Senf
3 große Knoblauchzehen
2 Zwiebeln | ½ Bund Thymian
1 EL schwarze Pfefferkörner
2 EL Räuchersalz
3 EL Räucheröl

Für das Caesar's Dressing
3 Eigelb
1 Knoblauchzehe
1 TL Kapern | 1 Sardellenfilet
1 TL Dijonsenf
Saft von 1 Limette
20 g Parmesan, gerieben
300 ml Rapsöl
Meersalz | frisch gemahlener schwarzer Pfeffer

Für die Kartoffelchips
500 g lila Kartoffeln
1 l Rapsöl
Fleur de Sel

Für die Fertigstellung
8 Scheiben Speck
Olivenöl zum Rösten
Focaccia oder beliebiges Sandwichbrot
1 Romanasalatherz
2 Tomaten
Meersalz | frisch gemahlener schwarzer Pfeffer

Die Schwarte der Schweineschulter einritzen. Für die Marinade die restlichen Zutaten im Mixer fein pürieren. Die Schulter mit der Marinade gut einreiben und in einen Vakuumbeutel legen. Auf höchster Stufe vakuumieren und im vorgeheizten Thermalisierer bei 69 °C 36 Stunden garen.

Das Fleisch aus dem Beutel nehmen, die Marinade in eine Schüssel abgießen. Das Fleisch auf dem Grill oder im Backofen mit Grillfunktion etwa 45 Minuten rundherum knusprig rösten. Dann mit zwei Gabeln zerkleinern und mit etwas Marinade vermischen.

Für das Dressing alle Zutaten außer dem Öl in den Mixer geben und fein pürieren. Das Öl unter ständigem Rühren langsam zugeben.

Die Kartoffeln säubern und mit dem Küchenhobel in dünne Scheiben schneiden. Das Öl in der Fritteuse oder in einem hohen Topf auf etwa 180 °C erhitzen. Die Kartoffeln portionsweise knusprig frittieren. Mit einem Schaumlöffel herausheben, auf Küchenpapier abtropfen lassen und mit Fleur de Sel würzen.

In einer heißen Pfanne den Speck auf beiden Seiten knusprig anbraten. Herausnehmen und in derselben Pfanne das Sandwichbrot rösten. Den Salat in feine Streifen schneiden, mit dem Dressing vermischen und die Hälfte der Brotscheiben damit bedecken.

Die Tomaten in Scheiben schneiden, mit Salz und Pfeffer würzen und auf den Salat legen. Das Fleisch gleichmäßig darauf verteilen, dann die Speckscheiben mit den restlichen Brotscheiben abschließen.

Die Sandwiches mit zwei Holzspießen fixieren und mit einem Brotmesser diagonal halbieren. Auf einen Teller geben und mit den Kartoffelchips servieren.

Dazwischen

Coq au vin von der Wachtel mit Pilaw-Röllchen

Zubereitung: 3 Stunden
Marinieren: 6 Stunden
Garzeit: 20 Minuten
Für 4 Personen

Zutaten

2 Wachteln

Für die Marinade

200 ml Madeira | 1 Zwiebel
2 Lorbeerblätter | 2 Nelken
5 Pimentkörner
10 schwarze Pfefferkörner
1 Zweig Thymian

Für die Wachteljus

2 EL Rapsöl | ½ Karotte
1 Zwiebel | 5 cm Lauch
10 g Knollensellerie | 1 TL Tomatenmark
etwa 500 ml kräftiger Rotwein
1 l dunkler Kalbsfond | 2 Lorbeerblätter
½ TL schwarze Pfefferkörner
1 mehligkochende Kartoffel (etwa 30 g)

Für die Pilaw-Röllchen

1 kleine Zwiebel | 1 Knoblauchzehe
1 EL Butter | 100 g Langkornreis
150 ml Geflügelbrühe | 1 Lorbeerblatt
1 Nelke | ½ Karotte, fein gewürfelt
2 EL Erbsen | 1 EL Rapsöl
4–8 Brickteig- oder Frühlingsrollenteigblätter
1 Eigelb | Butterschmalz zum Anbraten

Für die Fertigstellung

150 g kleine Champignons | 8 Silberzwiebeln
2 EL Butterschmalz zum Anbraten
4 Scheiben Speck, fein gewürfelt
1 EL gehackte Petersilie

Wachtelbrüste und Keulen auslösen, die Oberschenkelknochen entfernen. Das Fleisch in einen tiefen Behälter geben, Karkassen und Knochen für die Sauce beiseite stellen. Für die Marinade alle Zutaten in einem Topf kurz aufkochen und noch heiß über das Wachtelfleisch gießen. Das Fleisch nach dem Abkühlen in einen Vakuumbeutel geben und auf höchster Stufe vakuumieren. Mindestens 6 Stunden marinieren.

Für die Wacheljus die Knochen in einem Topf in dem heißen Öl scharf anbraten. Karotte, Zwiebel, Lauch und Sellerie in etwa walnussgroße Stücke schneiden und mitrösten. Das Tomatenmark dazugeben, kurz mitrösten und alles mit einem kräftigen Schuss Rotwein ablöschen. Den Bratensatz vom Topfboden lösen, die Flüssigkeit verkochen lassen, bis sich wieder Bratensatz am Topfboden bildet, dann erneut ablöschen, insgesamt dreimal. Dann mit dem Fond auffüllen, Gewürze zugeben und bei niedriger Hitze mindestens 2 Stunden köcheln lassen. Die Jus durch ein feines Sieb in einen sauberen Topf gießen und bei mittlerer Hitze auf die Hälfte einkochen.

Die Kartoffel schälen und fein reiben, die Jus damit zur gewünschten Konsistenz andicken. Nochmals durch ein Sieb gießen und beiseite stellen.

Für die Pilaw-Röllchen Zwiebel und Knoblauch fein würfeln und in einem kleinen Topf mit der Butter hell anschwitzen. Den Reis unterrühren, mit Brühe begießen. Die Gewürze dazugeben, aufkochen, dann den Topf mit einem Deckel verschließen und für 17 Minuten in den auf 180 °C vorgeheizten Backofen schieben.

Die Karottenwürfel in einer heißen Pfanne mit Öl anbraten und knackig garen, die Erbsen dazugeben und kurz mitgaren. Den Reis aus dem Ofen nehmen, das Gemüse untermischen. Alles mit Salz und Pfeffer würzen und auf einem flachen Blech abkühlen lassen.

Die Teigblätter auf der Arbeitsfläche auslegen. Den noch lauwarmen Reis etwa 1 cm breit auf dem unteren Drittel des Brickteigs verteilen. Den Teigrand mit Eigelb bestreichen, den Teig zu einer Zigarre aufrollen, die Enden verschließen.

Die Wachteln im Beutel in den auf 62 °C vorgeheizten Thermalisierer geben und 20 Minuten garen. Die Reisröllchen in einer heißen Pfanne mit Butterschmalz knusprig anbraten.

Die Champignons vierteln und mit den geschälten, geviertelten Silberzwiebeln in einer heißen Pfanne mit Butterschmalz scharf anbraten, dann den Speck dazugeben und ebenfalls anbräunen. Die Petersilie untermischen, mit Salz würzen.

Das Wachtelfleisch aus dem Beutel nehmen und mit Küchenpapier abtupfen. In einer heißen Pfanne mit Butterschmalz knusprig anbraten und mit Salz und Pfeffer würzen. Die Flüssigkeit aus dem Beutel mit der Wacheljus mischen und in einem Topf aufkochen.

Die heiße Sauce in einen tiefen Teller geben, etwa zwei Esslöffel Pilzmischung mittig anrichten, Wachtelbrust und Keule daraufsetzen und Reisröllchen anlegen. Mit frischer Petersilie bestreuen und servieren.

Dazwischen

Oxtail-Pie

Zubereitung: 45 Minuten plus Ruhezeit
Garzeit: 36 Stunden
Für 4 Personen

Zutaten

Für das Ochsenschwanz-Ragout

1,2 kg Ochsenschwanz, in Stücke gehackt
Meersalz | frisch gemahlener schwarzer Pfeffer
3 EL Butterschmalz zum Anbraten
300 ml Kalbsjus (siehe Seite 114)
50 ml trockener Sherry
3 Lorbeerblätter

Für das Gemüse

250 g kleine Champignons, Stiel entfernt
250 g kleine Perlzwiebeln, geschält
2 Karotten, fein gewürfelt
Meersalz | frisch gemahlener schwarzer Pfeffer
Butterschmalz zum Anbraten
2 EL gehackte Petersilie

Für das Petersilienwurzelpüree

600 g Petersilienwurzeln, geschält und grob zerkleinert
1 Zwiebel, grob zerkleinert
2 EL Butter
200 ml Weißwein
300 ml Geflügelbrühe
200 ml Sahne
Meersalz | frisch gemahlener schwarzer Pfeffer
frisch gemahlene Muskatnuss
2 EL Trüffelöl

Für die Fertigstellung

1 Packung Tiefkühl-Blätterteig
2 Eigelb
2 EL Sahne

1 Die Ochsenschwanzstücke mit Salz und Pfeffer würzen und in einer heißen Pfanne mit Butterschmalz auf beiden Seiten scharf anbraten und auf einem Blech abkühlen lassen. Mit Kalbsjus, Sherry und Lorbeerblättern in einen Vakuumbeutel geben und auf höchster Stufe vakuumieren. Im vorgeheizten Thermalisierer bei 75 °C 36 Stunden garen.

2 Herausnehmen, die Garflüssigkeit aufbewahren. Das Fleisch leicht abkühlen lassen und noch warm vom Knochen lösen, in eine mit Frischhaltefolie ausgelegte Kuchenform einfüllen, andrücken und mit Folie bedecken. Über Nacht durchkühlen lassen. Danach in mundgerechte Stücke schneiden.

3 Champignons, Perlzwiebeln und Karotten in einer heißen Pfanne mit Butterschmalz scharf anbraten, knackig garen und mit Salz und Pfeffer würzen. Fleisch und Sauce dazugeben, aufkochen und abschmecken, eventuell nachwürzen und dann die Petersilie untermischen.

4 Petersilienwurzeln und Zwiebel in einem Topf mit Butter hell anschwitzen, mit Weißwein ablöschen, mit Brühe knapp bedecken und in 12–15 Minuten bei mittlerer Hitze weich kochen. Die Sahne zugeben, nochmals aufkochen und mit dem Stabmixer fein pürieren. Mit Salz, Pfeffer und Muskat würzen, das Trüffelöl unterrühren. Das Püree sollte nicht zu flüssig sein.

5 Das Petersilienwurzelpüree in eine große Auflaufform oder in Portionsförmchen füllen, den Boden großzügig damit bedecken. Das Ochsenschwanzragout darauf verteilen, dann die Form mit Blätterteig bedecken und nach Belieben dekorieren. Eigelb und Sahne vermischen und den Blätterteigdeckel damit bestreichen. Die Oxtail-Pie im vorgeheizten Backofen bei 200 °C in 12–15 Minuten goldbraun backen und heiß servieren.

3. Fisch & Meeresfrüchte

Fisch lässt sich wunderbar marinieren und auf Niedrigtemperatur garen. Die Konsistenz und der Geschmack werden Sie ganz schnell überzeugen, Fisch und auch Meeresfrüchte nie wieder anders zuzubereiten!

Fisch

Asia-Fischsuppe

Zubereitung: 45 Minuten
Marinieren: mindestens 4 Stunden
Garzeit: 25 Minuten
Für 4 Personen

Zutaten

Für die Currypaste
2 Stängel Zitronengras
10 g Ingwer
3 Knoblauchzehen
1 Zwiebel
Wurzeln von ½ Bund Koriander
1 Chilischote
etwa 20 weiße Pfefferkörner
1 TL Koriandersamen
½ TL Kreuzkümmel
2 EL Erdnussöl

Für die Fertigstellung
300 g Rotbarschfilet
300 g Seeteufelfilet
500 g Garnelen, geschält oder ungeschält
12 Greenshell-Muscheln
1 l Kokosmilch
1 EL gemahlener Palmzucker
Saft von 1 Limette
10 Kaffirlimettenblätter
8 Mini-Maiskolben
2 Selleriestangen
4 EL thailändische Fischsauce
Blätter von ½ Bund Koriander
2 Frühlingszwiebeln
Sojasprossen zum Dekorieren
Chiliringe oder Kirschtomaten (nach Belieben)

1 Für die Currypaste das Zitronengras in feine Ringe schneiden. Ingwer, Knoblauch und Zwiebel schälen und grob zerkleinern. Korianderwurzeln und Chilischote ebenfalls grob hacken und mit den bereits zerkleinerten Zutaten im Mixer zu einer feinen Paste verarbeiten.

2 Pfefferkörner, Koriandersamen und Kreuzkümmel in einer Pfanne ohne Öl rösten, bis sie knistern. Im Mörser fein mahlen, zur Paste geben und gut unterrühren. Die Paste in einer heißen Pfanne bei mittlerer Hitze mit dem Öl 2–3 Minuten anbraten, danach abkühlen lassen.

3 Fischfilets in mundgerechte Stücke schneiden, zusammen mit den Garnelen und den Greenshell-Muscheln in eine Schüssel füllen. Mit der Currypaste vermischen und in einen Vakuumbeutel füllen. Die Kokosmilch, den Palmzucker, den Limettensaft und die Kaffirlimettenblätter dazugeben. Die Maiskolben und den Sellerie in dünne Scheiben schneiden und ebenfalls in den Beutel füllen.

4 Auf höchster Stufe vakuumieren und mindestens 4 Stunden marinieren, am besten über Nacht. Im vorgeheizten Thermalisierer bei 65 °C 25 Minuten garen.

5 Den Beutel öffnen und die Brühe durch ein Sieb in einen Topf gießen. Aufkochen, eventuell mit Fischsauce, Palmzucker und Limettensaft nachwürzen.

6 Die Fischstücke, die Garnelen und das Gemüse in Suppentellern anrichten und mit der heißen Brühe übergießen. Mit Korianderblättern, den fein geschnittenen Frühlingszwiebeln und Sojasprossen dekorieren. Nach Belieben fein geschnittene Chiliringe oder geviertelte Kirschtomaten dazugeben.

Fisch

Pirateneintopf

Zubereitung: 45 Minuten
Marinieren: über Nacht
Garzeit: 25 Minuten

Zutaten

Für den Eintopf
750 g Fischmix aus Seeteufel, Seppioline (Mini-Tintenfische), Polipetti (Mini-Kraken), Greenshell-Muscheln
500 ml Tomatensaft
200 ml Fischfond
4 EL Rum
2 Chilischoten, in feine Scheiben geschnitten
Saft von 1 Limette
Meersalz
½ TL gemahlene Selleriesamen
2 Langpfefferschoten, fein gemörsert
½ Bund Koriander

Zum Dekorieren
Koriandergrün
Chiliringe

1. Fisch in mundgerechte Stücke schneiden. Die Seppioline und Polipetti von Innereien und Kauwerkzeugen befreien und nach dem Reinigen ebenfalls mundgerecht zerteilen. Die Greenshell-Muscheln aus der Schale lösen. Den Fischmix zusammen mit den übrigen Zutaten in einen Vakuumbeutel geben, auf höchster Stufe vakuumieren und über Nacht marinieren.

2. Im vorgeheizten Thermalisierer bei 65 °C 25 Minuten garen. Den Beutel öffnen und den Sud durch ein Sieb in einen Topf gießen, aufkochen und abschmecken, gegebenenfalls nachwürzen.

3. Den Fischmix auf Suppenteller verteilen, mit dem heißen Tomatensud übergießen und mit Chiliringen und Koriandergrün dekorieren und servieren.

Fisch

Kurz gebeizter Lachs mit Safranrisotto mit geräuchertem Tomatensud

Zubereitung: 1½ Stunden
Marinieren: 1 Stunde
Garzeit: Lachs 30 Minuten,
  Stangensellerie 20 Minuten
Für 4 Personen

Zutaten

4 Stücke Lachsfilet mit Haut (à 200 g)
Olivenöl zum Anbraten

Für die Beize
12 EL feines Meersalz
10 EL Zucker
½ Bund Dill, gehackt
½ Bund Estragon, gehackt
1 TL zerstoßene weiße Pfefferkörner
1 Limette, in dünne Scheiben geschnitten
½ TL Piment d'Espelette
200 ml Gin

Für den Stangensellerie
1 Selleriestaude
3 EL Olivenöl
Meersalz | frisch gemahlener schwarzer Pfeffer

Für den Risotto
1 Zwiebel, fein gewürfelt
2 Knoblauchzehen, in feine Scheiben geschnitten
2 EL Olivenöl
250 g Risottoreis
2–3 Prisen Safranfäden
200 ml Weißwein
¾ l Geflügelbrühe
2 Lorbeerblätter
2 EL Butter
2 EL fein geriebener Parmesan
Meersalz | frisch gemahlener schwarzer Pfeffer

Für den Tomatensud
1 Zwiebel, grob gewürfelt
3 Knoblauchzehen, gehackt
4 EL Räucheröl
500 ml Tomatenstücke aus der Dose
250 ml Geflügel- oder Gemüsebrühe
2 Lorbeerblätter
1 TL Räuchersalz
frisch gemahlener schwarzer Pfeffer

Zum Dekorieren
Fleur de Sel
Dillspitzen

1 Die Lachssteaks auf der Hautseite mit einem scharfen Messer mehrmals leicht einschneiden und beiseite stellen.

2 Die Zutaten für die Beize in einer Schüssel vermischen und die Hälfte in einem Vakuumbeutel verteilen. Die Lachsstücke darauflegen, mit der restlichen Gewürzmischung bedecken und auf höchster Stufe vakuumieren. 1 Stunde marinieren.

3 Den Lachs aus dem Beutel nehmen, gründlich abwaschen und abtrocknen. Dann in einen frischen Vakuumbeutel geben, auf höchster Stufe vakuumieren und im vorgeheizten Thermalisierer bei 46 °C 25–30 Minuten garen. Den Lachs vorsichtig aus dem Beutel nehmen und kurz vor dem Servieren in einer heißen Pfanne mit Olivenöl auf der Hautseite scharf anbraten, von der anderen Seite kurz braten.

4 Vom Sellerie Blätter und Wurzelansatz entfernen. Die Stangen schälen und gleichmäßig zuschneiden, dann in einen Vakuumbeutel geben. Öl und Gewürze hinzufügen und den Sellerie auf höchster Stufe vakuumieren. Im vorgeheizten Thermalisierer 20 Minuten bei 80 °C garen. Kurz vor dem Servieren in einer heißen Pfanne mit etwas Brühe oder Wasser und einem Stückchen Butter kurz erhitzen, falls nötig nachwürzen.

5 Für den Risotto Zwiebel und Knoblauch in einem heißen Topf mit Olivenöl glasig anschwitzen. Den Reis zugeben und den Safran unterrühren. Mit Weißwein ablöschen, mit der Brühe auffüllen, dann die Lorbeerblätter dazugeben. Den Reis bei mittlerer Hitze unter ständigem Rühren in etwa 20 Minuten bissfest garen. Zum Schluss Butter und Parmesan unterziehen und den Risotto eventuell mit etwas Brühe auf die richtige Konsistenz bringen, abschmecken.

6 Für den Tomatensud Zwiebel und Knoblauch in einem heißen Topf mit Räucheröl glasig anschwitzen. Tomaten und Brühe hineingeben, Lorbeerblätter, etwas Räuchersalz und Pfeffer unterrühren und alles bei mittlerer Hitze mindestens 1 Stunde köcheln lassen. Anschließend durch ein feines Sieb in einen sauberen Topf passieren und falls nötig mit Räuchersalz und Pfeffer nachwürzen.

7 Risotto auf Teller verteilen, Sellerie darauf anrichten und den Fisch mit Fleur de Sel und Dillspitzen dekorieren.

TIPP Wenn Sie den Lachs 12 Stunden in der Marinade lassen, können Sie ihn als »Graved Lachs« servieren.

Fisch

Seeteufelsteak mit Fregola-Pasta und Blattspinat

Zubereitung: 1 Stunde
Marinieren: über Nacht
Garzeit: 40 Minuten
Für 4 Personen

Zutaten

Für den Seeteufel
4 Stücke Seeteufel (à 250 g)
1 TL gemahlener roter Kambodschapfeffer
   (oder schwarzer Pfeffer)
1 TL Fenchelsamen
1 TL Piment d'Espelette
6 Zweige Thymian
4 EL Olivenöl
Meersalz

Für den Fregola-Pasta
1 kg Strauchtomaten
2 Zwiebeln, fein gewürfelt
2 Knoblauchzehen, in feine Scheiben
   geschnitten
etwa 20 Basilikumblätter
Meersalz | frisch gemahlener schwarzer Pfeffer
2 EL Olivenöl
250 g Fregola (sardische Pastaspezialität)
4 EL fein geriebener Parmesan
2 EL Butter

Für den Blattspinat
1 kg Blattspinat
1 Zwiebel, fein gewürfelt
1 Knoblauchzehe, in feine Scheiben
   geschnitten
2 EL Olivenöl oder Butter
Meersalz | frisch gemahlener schwarzer Pfeffer
frisch geriebene Muskatnuss

Pfeffer und Fenchelsamen im Mörser fein zerstoßen, mit Piment d'Espelette mischen. Die Fischstücke mit der Gewürzmischung einreiben, dann mit Olivenöl und 2 Zweigen Thymian in einen Vakuumbeutel geben. Auf höchster Stufe vakuumieren und mindestens 8 Stunden marinieren, am besten über Nacht.

Den Seeteufel im vorgeheizten Thermalisierer bei 46 °C 40 Minuten garen. Anschließend aus dem Beutel nehmen, trocken tupfen und in einer heißen Pfanne mit Olivenöl von allen Seiten anbraten. Mit Salz würzen, zum Schluss den restlichen Thymian mit in die Pfanne legen.

Die Tomaten vom Stielansatz befreien, grob zerkleinern und in den Mixer geben. Die Hälfte von Zwiebeln und Knoblauch, das Basilikum sowie etwas Salz und Pfeffer dazugeben und alles fein pürieren.

Für die Fregola-Pasta die restliche Zwiebel und den restlichen Knoblauch in einem heißen flachen Topf mit Olivenöl glasig anschwitzen. Fregola dazugeben, mit der Hälfte des Tomatenpürees aufgießen und bei mittlerer Hitze unter ständigem Rühren in etwa 20 Minuten al dente garen. Die Konsistenz sollte leicht flüssig sein. Zum Schluss Parmesan und Butter unterziehen, die Fregola-Pasta mit Salz und Pfeffer würzen.

Spinat putzen und gründlich waschen. In einer sehr heißen Pfanne Zwiebel und Knoblauch mit Olivenöl oder Butter glasig anschwitzen. Den Spinat dazugeben und zusammenfallen lassen. Gut durchmischen, mit Salz, Pfeffer und Muskat würzen.

Die Fregola-Pasta in einem tiefen Teller anrichten. Den Spinat mittig daraufgeben, obenauf den Fisch platzieren und mit einem gebratenen Thymianzweig dekorieren.

Fisch

Seezungen-Lachs-Roulade
im Bouillabaisse-Sud mit Sauce Rouille

Zubereitung: 1 Stunde
Garzeit: 25 Minuten
Für 4 Personen

Zutaten

1 Seezunge | etwa 200 g Lachsfilet

Für den Bouillabaisse-Sud
⅓ Stange Lauch, der weiße Teil, grob gehackt
1 Zwiebel, grob gehackt | 2 Eiweiß
⅓ Stange Sellerie, grob gehackt
½ kleine Fenchelknolle, grob gehackt
200 ml Weißwein | etwa 50 ml Pernod
2 Lorbeerblätter | 2 Stängel Estragon
10 weiße Pfefferkörner | 2 Stängel Dill
1 TL Meersalz | 1 Prise Safranfäden

Für die Sauce Rouille
150 g mehligkochende Kartoffeln
geröstete geschälte Paprikaschoten
  (aus dem Glas)
1 Knoblauchzehe, grob gehackt
etwa 75 ml Olivenöl
Meersalz | schwarzer Pfeffer

Für das Fischgewürz
1 TL fein gemahlene weiße Pfefferkörner
½ TL fein gemahlene Fenchelsamen
1 Messerspitze Piment d'Espelette (oder
  scharfes Paprikapulver)
1 EL Fleur de Sel

Zum Dekorieren
1 gelbe Zucchini, in feine Streifen geschnitten
1 grüne Zucchini, in feine Streifen geschnitten
Meersalz | frisch gemahlener schwarzer Pfeffer
Weißbrotscheiben | Olivenöl
Dill oder Estragon zum Dekorieren

1. Die Seezunge filetieren. Die Gräten mit 2 l Wasser und den weiteren Zutaten, aber ohne Safran, in einen Topf geben und bei geringer Hitze langsam zum Kochen bringen. Zwischendurch vorsichtig um-rühren. Die Brühe 20 Minuten leicht kochen lassen, dann vorsichtig durch ein Sieb mit Passiertuch (Küchentuch) in einen sauberen Topf gießen, falls nötig mit Salz und Pfeffer nachwürzen. Jetzt den Safran dazugeben und ziehen lassen. Vor der weiteren Verwendung abkühlen lassen.

2. Die Kartoffeln schälen, grob zerkleinern und in einem Topf mit kochendem Salzwasser weich garen. Abgießen und mit den Paprikaschoten, dem Knoblauch und dem Olivenöl im Mixer pürieren, mit Salz und Pfeffer würzen.

3. Die Zucchinistreifen in einer Pfanne mit Olivenöl kurz anschwitzen, mit Salz und Pfeffer würzen, abkühlen lassen und dann auf vier Weckgläser à 250 ml verteilen.

4. Die Seezungenfilets einzeln ausbreiten, das Lachsfilet in gleich breite Scheiben schneiden und darauflegen. Mit dem Fischgewürz bestreuen, aufrollen und in die Gläser auf die Zucchinistreifen setzen. Mit Fischsuppe großzügig bedecken und mit dem Deckel verschließen. Im vorgeheizten Dampfgarer bei 90 °C und 100 % Dampf 25 Minuten garen.

5. Die Weißbrotscheiben auf ein mit Backpapier ausgelegtes Backblech legen und mit Olivenöl beträufeln. Im vorgeheizten Ofen bei 200 °C in 6–8 Minuten goldbraun backen.

6. Die Gläser aus dem Dampfgarer nehmen und öffnen, frische Kräuter anlegen und mit geröstetem Weißbrot und Sauce Rouille servieren.

Fisch

St. Pierre mit Kartoffel-Garnelen-Gröstl und Estragon-Sabayon

Zubereitung: 1 Stunde
Garzeit: 20 Minuten
Für 4 Personen

Zutaten

Für den St. Pierre
1 kg St.-Pierre-Filets (Petersfisch)
1 TL Meersalz
frisch gemahlener weißer Pfeffer
½ TL Piment d'Espelette
1 EL Olivenöl

Kartoffel-Garnelen-Gröstl
500 g festkochende Kartoffeln
Meersalz
2 EL Olivenöl
1 Zwiebel, fein gewürfelt
300 g Garnelen, geschält, vom Darm befreit und gewürfelt
frisch gemahlener schwarzer Pfeffer
2 EL gehackte Petersilie

Für das Estragon-Sabayon
300 ml Weißwein
1 Schalotte, fein gewürfelt
1 Knoblauchzehe
10 weiße Pfefferkörner
1 Lorbeerblatt
3 Stängel Estragon
3 Eigelb
Estragonessig
Zitronensaft
Meersalz

Die Fischfilets würzen und mit dem Olivenöl in einen Vakuumbeutel geben. Vakuumieren und im vorgeheizten Thermalisierer bei 46 °C 20 Minuten garen.

Die Kartoffeln in 1 cm große Würfel schneiden und in kochendem Wasser mit Meersalz in 6–8 Minuten drei viertel gar kochen. Durch ein Sieb abgießen und zum Abkühlen auf einem Blech ausbreiten.

Die abgekühlten Kartoffeln in einer Pfanne mit Olivenöl goldbraun anbraten. Die Zwiebel kurz mitrösten, dann die Garnelen dazugeben und 3–5 Minuten kräftig anbraten. Das Gröstl mit Salz und Pfeffer würzen, abschmecken und die Petersilie untermischen.

Für das Sabayon den Weißwein mit Schalotte, Knoblauch, Pfefferkörnern und Lorbeerblatt in einen kleinen Topf füllen. Die Estragonblätter abzupfen, fein schneiden und beiseitestellen, die Stängel in den Topf geben. Die Flüssigkeit auf etwa 100 ml einkochen. Die fertige Reduktion durch ein Sieb abgießen und abkühlen lassen.

Das Eigelb in eine Metallschüssel geben, die Reduktion dazugeben und über einem Wasserbad mit dem Schneebesen schaumig schlagen. Den cremigen Schaum mit Estragonessig, Zitronensaft und Salz würzen, den Estragon untermischen.

Den Fisch aus dem Beutel nehmen, vorsichtig trocken tupfen und in einer heißen Pfanne mit Olivenöl auf beiden Seiten etwa 1 Minute anbraten.

Den Estragonschaum mittig auf Tellern verteilen, das Kartoffel-Garnelen-Gröstl darauf anrichten, den Fisch anlegen und mit einem Estragonstängel dekorieren.

Dorade mit buntem Mangold

und kleinen Röstkartoffeln

Zubereitung: 45 Minuten
Marinieren: über Nacht
Garzeit 30 Minuten
Für 4 Personen

Zutaten

Für die Dorade

4 Doraden (à etwa 500 g)
Meersalz | frisch gemahlener schwarzer Pfeffer
½ TL fein gemahlene Fenchelsamen
1 unbehandelte Zitrone, in dünne Scheiben geschnitten, und 2 Zitronen zum Servieren
8 geröstete Knoblauchzehen in der Schale
4 Zweige Thymian | 4 Zweige Zitronenverbene
4 EL Olivenöl

Für den Mangold

1 kg bunter Mangold, in 2 cm große Stücke geschnitten
1 Zwiebel, fein gewürfelt
2 Knoblauchzehen, in feine Scheiben geschnitten
2 EL Butter
Meersalz | frisch gemahlener schwarzer Pfeffer
frisch geriebene Muskatnuss

Für die Röstkartoffeln
600 g walnussgroße neue Kartoffeln
½ TL Kümmelsamen
3 Stängel Petersilie und 2 EL gehackte Petersilie
Fleur de Sel | frisch gemahlener schwarzer Pfeffer
3 EL Olivenöl zum Anbraten

1 Die Doraden schuppen, ausnehmen und auf beiden Seiten leicht einritzen. Mit Salz, Pfeffer und den Fenchelsamen würzen und mit den weiteren Zutaten auf zwei Vakuumbeutel verteilen. Auf höchster Stufe vakuumieren und über Nacht marinieren.

2 Die Doraden im vorgeheizten Thermalisierer bei 62 °C 30 Minuten garen. Herausnehmen und mit Küchenpapier trocken tupfen. In einer heißen Pfanne mit Olivenöl auf beiden Seiten scharf anbraten, zum Schluss die Marinade aus dem Beutel dazugießen und den Fisch damit beträufeln.

3 Den Mangold etwa 2 Minuten in kochendem Salzwasser blanchieren, danach in kaltem Wasser abschrecken, gut abtropfen lassen und leicht ausdrücken. Zwiebel und Knoblauch mit Butter in einer heißen Pfanne hell anschwitzen. Anschließend den Mangold dazugeben, gut durchmischen und mit Salz, Pfeffer und Muskat würzen.

4 Die Kartoffeln mit Schale in kochendem Salzwasser mit Kümmel und Petersilie in etwa 15 Minuten garen. Abgießen und in einer heißen Pfanne in Olivenöl rundum goldbraun anbraten. Mit Fleur de Sel und Pfeffer würzen und mit der gehackten Petersilie vermischen.

5 Die Doraden auf Teller verteilen, jeweils eine halbe Zitrone dazulegen und die Kartoffeln auf einem separaten Teller servieren.

Sake-Waller mit Kartoffel-Wasabi-Püree und Wokgemüse

Zubereitung: 1 Stunde
Marinieren: mindestens 2 Stunden
Garzeit: 25 Minuten
Für 4 Personen

Zutaten

Für den Sake-Waller
4 Wallerfilets (Wels; à 200 g)
200 ml Sake
2 EL Pflanzenöl
2 Stangen Zitronengras, fein aufgeschnitten
6 dünne Scheiben Ingwer
Meersalz
frisch gemörserter Szechuan Pfeffer
Öl zum Braten

Für das Kartoffel-Wasabi-Püree
600 g mehlig kochende Kartoffeln
etwa 200 ml Milch
2 EL Butter
Meersalz
frisch geriebene Muskatnuss
Wasabipaste nach Geschmack, etwa 1 EL

Für das Wok-Gemüse
12 Mini-Maiskolben
150 g Kaiserschoten
12 Stangen Frühlingslauch
100 g Thaispargel
2 Karotten
Rapsöl zum Anbraten
2–3 EL Austernsauce (aus dem Asialaden)

Für den frittierten Ingwer
Sushi-Ingwer
etwas Speisestärke
Rapsöl zum Frittieren

1. Die Wallerfilets mit den übrigen Zutaten in einen Vakuumbeutel geben und bei höchster Stufe vakuumieren. Mindestens 2 Stunden marinieren, am besten über Nacht. Im vorgeheizten Thermalisierer bei 46 °C 25 Minuten garen.

2. Den Fisch aus dem Beutel nehmen, den Sake-Sud in einen Topf gießen und bei hoher Hitze stark reduzieren lassen.

3. Die Kartoffeln in Salzwasser weich kochen und abgießen. Stampfen und mit den restlichen Zutaten zu einem nicht zu festen Püree verarbeiten.

4. Das Gemüse in die gewünschte Form schneiden und in einem heißen Wok mit Öl 2–3 Minuten scharf anbraten, zum Schluss mit Austernsauce würzen.

5. Den Sushi-Ingwer aus dem Sud nehmen und trocken tupfen. In Speisestärke wenden und in etwa 180 °C heißem Rapsöl knusprig frittieren.

6. Die Wallerfilets mit Küchenpapier vorsichtig abtupfen, dann in einer heißen Pfanne mit Öl auf beiden Seiten scharf anbraten.

7. Püree und Gemüse auf Tellern anrichten, den Fisch daraufsetzen und mit der Sake-Reduktion einpinseln. Auf jede Portion etwas frittierten Ingwer geben.

4. Fleisch & Geflügel

Durch das schonende, langsame Garen wird Fleisch so unglaublich zart und intensiv im Geschmack, wie es sonst nicht möglich ist. Steaks oder größere Fleischstücke werden auf die gewünschte Kerntemperatur gebracht und müssen vor dem Servieren nur noch kurz in einer Pfanne oder am besten auf dem Holzkohlegrill erhitzt und kross angebraten werden. Das müssen Sie einfach probieren!

Tandoori-Stubenküken

Zubereitung: 45 Minuten
Marinieren: über Nacht
Garzeit: 30 Minuten
Für 4 Personen

Zutaten

Für die Tandoori-Stubenküken
2 Stubenküken
500 g Joghurt (mindestens 3,5 % Fett)
4 EL Tandoori-Gewürz (indische Gewürzmischung)
Meersalz | frisch gemahlener schwarzer Pfeffer

Für den Reis
250 g Basmatireis
1 EL Butterschmalz
1 Lorbeerblatt
2 Nelken
Meersalz

Für die marinierten Gurken
1 Salatgurke, in feine Würfel geschnitten
½ TL fein gemörserter Kreuzkümmel
Meersalz | frisch gemahlener schwarzer Pfeffer

Zum Dekorieren
gebackene Papadams
frischer Koriander

Die Stubenküken zerteilen. Dabei die Karkasse für eine andere Verwendung beiseite stellen oder auch einfrieren.

Brüste und Keulen der Stubenküken mit dem Joghurt und den Gewürzen vermischen und in einem Vakuumbeutel auf höchster Stufe vakuumieren. Über Nacht marinieren.

Im vorgeheizten Thermalisierer bei 69 °C 30 Minuten garen. Aus dem Beutel nehmen und mit dem Joghurt in eine ofenfeste Form füllen. Unter dem Backofengrill bei 210 °C goldbraun backen.

Den Reis mit 400 ml Wasser in einen Topf geben, mit dem Butterschmalz und den Gewürzen vermischen und zum Kochen bringen. Zugedeckt bei mittlerer Hitze 10 Minuten kochen lassen, danach von der Kochstelle nehmen und weitere 10 Minuten ziehen lassen.

Die Gurkenwürfel in einer Schüssel mit den Gewürzen mischen, abschmecken und etwa 10 Minuten ziehen lassen. Den Gurkensaft vor dem Servieren abschütten.

Stubenküken und etwas Sauce zusammen mit Reis und Gurke auf Tellern anrichten, mit Papadams und Koriander dekorieren.

Fleisch

Marokkanisches Zitronenhühnchen mit Artischocken und Minz-Couscous

Zubereitung: 45 Minuten
Marinieren: mindestens 8 Stunden
Garzeit: Hühnchen 1½ Stunden,
  Artischocken 1 Stunde

Zutaten

Für das Zitronenhühnchen
4 Hühnerkeulen
400 ml Geflügelbrühe
2 Salzzitronen, geviertelt
1 EL Meersalz
frisch gemahlener schwarzer Pfeffer
1 EL geräuchertes Paprikapulver
3 Nelken
6 Lorbeerblätter
15 Pimentkörner
2 Zimtstangen
4 EL Olivenöl
Saft von 2 Zitronen
2 EL gehackte Petersilie
2 EL gehackter Koriander

Für die Artischocken
8 kleine Artischocken
2 Knoblauchzehen, in der Schale geröstet
4 Zweige Thymian
½ Salzzitrone
4 EL Olivenöl
Meersalz | frisch gemahlener schwarzer Pfeffer

Für den Minz-Couscous
250 g Instant-Couscous
2 EL Olivenöl
1 Bund Minze und Minze für die Fertigstellung
500 ml kochendes Wasser
Meersalz

1. Die Hühnerkeulen im Gelenk durchtrennen und in einen Vakuumbeutel legen. Für die Marinade die übrigen Zutaten gut vermischen und dazugeben. Den Beutel auf höchster Stufe vakuumieren und das Fleisch über Nacht marinieren.

2. Die Hühnerkeulen im vorgeheizten Thermalisierer bei 69 °C 1½ Stunden garen. Die Keulen herausnehmen, die Garflüssigkeit in einen Topf gießen. Die Keulen in eine ofenfeste Form legen und im vorgeheizten Ofen mit Grillfunktion bei 200 °C in 15–20 Minuten knusprig werden lassen.

3. Die Salzzitronen in feine Streifen schneiden und beiseite stellen. Den Sud aufkochen, leicht reduzieren und eventuell mit Salz und Pfeffer nachwürzen.

4. Die Artischocken putzen und der Länge nach halbieren und mit den übrigen Zutaten in einen Vakuumbeutel geben. Auf höchster Stufe vakuumieren. Das Gemüse im vorgeheizten Thermalisierer bei 85 °C 1 Stunde garen. Danach den Beutel öffnen und die Artischocken mit ihrer Garflüssigkeit zum Hühnchensud geben und warm halten.

5. Couscous in eine Schüssel füllen, mit dem Olivenöl beträufeln und alles mit den Händen vermischen. Die Minze in ein hohes Gefäß geben, mit dem Wasser übergießen und 15 Minuten ziehen lassen. Das Minzewasser wieder aufkochen und über das Couscous gießen, 10 Minuten quellen lassen und warm halten. Vor dem Anrichten etwas Minze untermischen.

6. Das Couscous auf Teller verteilen. Die Hühnerkeulen aus dem Ofen nehmen und darauf anrichten. Den Hünchen-Artischocken-Sud aufkochen, die gehackten Kräuter und Salzzitronenstreifen dazugeben und großzügig auf jeder Portion verteilen.

Piri-Piri-Hühnchen mit Süßkartoffel-Chips und Sauerrahm-Dip

Zubereitung: 45 Minuten
Marinieren: über Nacht
Garzeit: 30 Minuten bis 1½ Stunden
Für 4 Personen

Zutaten

Für das Piri-Piri-Hühnchen
1 Huhn (etwa 1,4 kg)
6 getrocknete große Chilischoten
6 Knoblauchzehen
50 ml Weinbrand
150 ml Olivenöl
Meersalz | frisch gemahlener schwarzer Pfeffer

Für die Süßkartoffel-Chips
3 große Süßkartoffeln
1 l Rapsöl
Fleur de Sel

Für den Sauerrahm
500 ml Sauerrahm
3 Frühlingszwiebeln
Meersalz | frisch gemahlener schwarzer Pfeffer

Das Huhn zerteilen, Brüste und Keulen getrennt in Vakuumbeutel legen. Die Karkasse für eine andere Verwendung beiseite stellen oder einfrieren.

Alle Zutaten für die Marinade in einem hohen Gefäß mit dem Stabmixer fein pürieren und zum Fleisch geben. Auf höchster Stufe vakuumieren und über Nacht marinieren.

Die Keulen im vorgeheizten Thermalisierer bei 69 °C 1½ Stunden garen, die Brüste nur 30 Minuten. Das Fleisch herausnehmen, die Marinade in einen Topf gießen und warm halten. Das Fleisch auf einem Blech verteilen und unter dem vorgeheizten Backofengrill bei 200 °C in 10–15 Minuten rundum knusprig rösten.

Die Süßkartoffeln schälen und mit dem Sparschäler oder dem Küchenhobel in lange dünne Streifen bzw. Scheiben schneiden. In der Fritteuse oder in einem hohen Topf das Öl erhitzen und die Süßkartoffeln darin knusprig frittieren. Auf Küchenpapier abtropfen lassen und mit Fleur de Sel würzen.

Den Sauerrahm mit den übrigen Zutaten zu einem Dip verrühren und zusammen mit den Chips zu dem Hühnchen servieren.

Fleisch

Kaninchenrücken-Roulade mit Kürbis-Linsen

Zubereitung: 2 Stunden
Marinieren: 2–4 Stunden
Garzeit: Kaninchenroulade 30 Minuten,
  Linsen 1½ Stunden, Kürbis 30 Minuten
Für 4 Personen

Zutaten

Für die Kaninchenrücken-Roulade
2 Kaninchenrücken (mit Bauchlappen)
frisch gemahlener schwarzer Pfeffer
4 Scheiben Parmaschinken
8 Salbeiblätter
12–15 getrocknete Tomaten
2 EL Olivenöl | 2 Zweige Thymian

Für das Kürbis-Linsen-Gemüse
6 Scheiben Speck, fein gewürfelt
1 Zwiebel, fein gewürfelt
250 g Beluga-Linsen | 3 EL Butter
300 ml Geflügelbrühe
2 EL Balsamico-Essig
2 Lorbeerblätter | 1 Zweig Thymian
½ Hokkaidokürbis, in kleine Würfel geschnitten
Meersalz | frisch gemahlener schwarzer Pfeffer
2 EL fein gehackte Petersilie

Für die Kaninchenjus
Kaninchenknochen und -abschnitte
2–3 EL Rapsöl zum Braten
½ Karotte | je ¼ Sellerieknolle und Lauchstange
2 Zwiebeln | 1 TL Tomatenmark
500 ml Rotwein oder Madeira
1 l Geflügelbrühe
½ TL schwarze Pfefferkörner
2 Lorbeerblätter
1 mehligkochende Kartoffel, gerieben
1 Zweig Thymian
etwa 2 EL Balsamico-Essig

1. Den Kaninchenrücken auslösen, dabei die Bauchlappen unbedingt daranlassen. Die Silberhaut entfernen und die Bauchlappen leicht einritzen, damit sie sich beim Braten nicht zusammenziehen.

2. Die Innenseite der Kaninchenrücken mit schwarzem Pfeffer würzen. Eine Scheibe Parmaschinken und zwei Salbeiblätter darauflegen, dazu ein paar getrocknete Tomaten und alles zu einer straffen Roulade rollen. Mit Küchengarn binden, auch von außen pfeffern und mit Olivenöl und Thymian in einen Vakuumbeutel geben. 20 Sekunden vakuumieren.

3. Das Fleisch 2–4 Stunden marinieren, dann im vorgeheizten Thermalisierer bei 62 °C 30 Minuten garen. Aus dem Beutel nehmen, mit Küchenpapier abtupfen und in einer heißen Pfanne mit Olivenöl rundum goldbraun anbraten. Bis zum Anrichten warm halten.

4. Für die Linsen den Speck in einer heißen Pfanne ohne Öl anbraten, dann die Zwiebel dazugeben und kurz mitrösten. Aus der Pfanne nehmen und abkühlen lassen und mit den Linsen, 2 EL Butter, 300 ml Brühe, Essig, Lorbeer, Thymian und etwas Pfeffer in einen Vakuumbeutel füllen. Auf höchster Stufe vakuumieren und im vorgeheizten Thermalisierer bei 85 °C 1½ Stunden garen.

5. Die Kürbiswürfel mit der restlichen Butter und Brühe, Salz und Pfeffer in einen Vakuumbeutel geben und auf höchster Stufe vakuumieren. Im vorgeheizten Thermalisierer bei 85 °C 25 Minuten garen. Herausnehmen und in kaltem Wasser abschrecken.

6. Die Knochen mit Rapsöl in einem heißen Topf scharf anrösten, dann das grob gehackte Gemüse dazugeben und mitrösten. Tomatenmark unterrühren, mit Rotwein ablöschen und den Bratensatz am Topfboden lösen. Die Flüssigkeit einkochen, wieder anrösten und ablöschen, insgesamt dreimal. Dann mit Geflügelbrühe auffüllen und bei mittlerer Hitze langsam zum Kochen bringen. Aufsteigenden Schaum abschöpfen, erst dann die Gewürze zugeben.

7. Den Kaninchenfond mindestens 2 Stunden köcheln lassen, dann durch ein Sieb in einen frischen Topf gießen und auf ein Drittel der Ausgangsmenge einkochen. Mit Salz und Pfeffer würzen, den Thymian dazugeben und den Fond mit geriebener Kartoffel zur gewünschten Konsistenz binden. Die Sauce durch ein Sieb in einen sauberen Topf gießen und mit Balsamico abschmecken.

8. Linsen und Kürbis in einem Topf erhitzen, die Petersilie unterziehen. Zusammen mit dem Fleisch auf Tellern anrichten, mit Sauce umgießen.

Fleisch

Rosa Kalbstafelspitz mit Speckbohnen, Kartoffeltalern und Madeira-Jus

Zubereitung: 2 Stunden
Garzeit: 3½ Stunden
Marinieren: über Nacht
Für 4–6 Personen

Zutaten

Für den Kalbstafelspitz

1,5 kg Kalbstafelspitz
Meersalz | frisch gemahlener schwarzer Pfeffer
1 Zweig Thymian | 2 Lorbeerblätter
1 EL Nussbutter | geklärte Butter zum Anbraten
fein geriebener Meerrettich zum Dekorieren

Für die Kartoffeltaler

1 kg mehligkochende Kartoffeln
100 g Speisestärke | 3 Eigelb | 1 EL Nussbutter
3 EL fein geriebener Meerrettich
2 EL fein gehackte Petersilie
Meersalz | frisch gemahlener schwarzer Pfeffer
fein geriebene Muskatnuss
geklärte Butter zum Anbraten

Für die Speckbohnen

300 g Keniabohnen, in feine Scheiben
   geschnitten
6 Scheiben Speck, in kleine Würfel geschnitten
1 Zwiebel, fein gewürfelt | 2 EL Butter

Für die Madeira-Jus

2 kg Kalbsknochen
3 EL Rapsöl | 2 Zwiebeln
⅓ Lauchstange | ⅓ Sellerieknolle
2 Karotten | 1 EL Tomatenmark
700 ml Madeira | 2 l Kalbsfond
3 Lorbeerblätter | etwa 15 schwarze Pfefferkörner
1–2 mehlig kochende Kartoffeln, fein gerieben
Meersalz | frisch gemahlener schwarzer Pfeffer
2 Thymianzweige

Vom Tafelspitz die Silberhaut entfernen und zu den Knochen für die Sauce geben. Das Fleisch mit etwas Salz und Pfeffer würzen und zusammen mit Thymian, Lorbeer und der Nussbutter in einen Vakuumbeutel geben. Auf höchster Stufe vakuumieren und über Nacht marinieren. Im vorgeheizten Thermalisierer bei 56 °C 3½ Stunden garen. Danach herausnehmen, trocken tupfen und kurz vor dem Servieren in einer heißen Pfanne mit geklärter Butter auf beiden Seiten scharf anbraten.

Die Kartoffeln in kochendem Salzwasser weich kochen, abgießen und 15 Minuten ausdampfen lassen. In eine Schüssel geben, stampfen und mit den restlichen Zutaten zu einem glatten trockenen Teig verarbeiten. Aus dem Teig drei bis vier gleichmäßige Rollen formen. Die Rollen in 2 cm dicke Scheiben schneiden, dann in einer heißen Pfanne mit geklärter Butter goldbraun anbraten. Im Backofen bei 100 °C warm halten.

Die Bohnen in kochendem Salzwasser blanchieren und in kaltem Wasser abschrecken, durch ein Sieb abgießen. Den Speck in einer heißen Pfanne scharf anbraten, die Zwiebel kurz mitrösten, Bohnen und Butter dazugeben und alles mit Salz, Pfeffer und Muskat würzen.

Die Knochen und Abschnitte in einem heißen Topf mit Rapsöl scharf anbraten. Zwiebeln, Lauch, Sellerie und Karotten in walnussgroße Stücke schneiden und dazugeben, ebenfalls kräftig anbraten. Jetzt das Tomatenmark einrühren und mit einem kräftigen Schuss Madeira ablöschen und den Bratensatz vom Topfboden lösen. Die Flüssigkeit verdampfen lassen und weiteranbraten, bis sich wieder ein Bratensatz am Topfboden bildet. Diesen wieder ablöschen, insgesamt dreimal, dann den Kalbsfond angießen. Bei mittlerer Hitze langsam zum Kochen bringen. Aufsteigenden Schaum abschöpfen. Wenn sich kein Schaum mehr bildet, die Gewürze dazugeben und bei mittlerer Hitze mindestens 2 Stunden kochen.

Durch ein feines Sieb in einen frischen Topf gießen und auf ein Drittel der Ausgangsmenge reduzieren. Mit Salz und Pfeffer würzen, den Thymian dazugeben und mit den geriebenen Kartoffeln zur gewünschten Konsistenz abbinden. 10 Minuten kochen lassen und nochmals durch ein feines Sieb in einen sauberen Topf gießen.

Die Kartoffeltaler auf Teller verteilen, die Bohnen mittig anrichten, zwei bis drei Scheiben vom Tafelspitz anlegen, etwas Madeirajus angießen und mit Meerrettich dekorieren.

Fleisch

Kalbskotelett mit Steinpilz-Pancakes und Steckrüben

Zubereitung: 1 Stunde
Garzeit: Kalbskoteletts 45 Minuten,
   Steckrüben 1 Stunde
Für 4 Personen

Zutaten

Für die Kalbskoteletts
125 g Butter
4 Kalbskoteletts (à etwa 300 g)
4 Zweige Thymian
Meersalz
1 EL grob gemahlener roter
   Kambodschapfeffer

Für die Steinpilz-Pancakes
500 g mehligkochende Kartoffeln
100 ml Milch
1 EL Butter
2 Eier, getrennt
½ TL Backpulver
1 EL Steinpilzpulver
2 EL gehackte Petersilie
Meersalz | frisch gemahlener schwarzer Pfeffer
frisch geriebene Muskatnuss
8 Steinpilze, halbiert
Butterschmalz zum Anbraten

Für die Steckrüben
150 g Speck, fein gewürfelt
1 Zwiebel, fein gewürfelt
2 EL Butter
200 ml Geflügelbrühe
Meersalz | frisch gemahlener schwarzer Pfeffer
2 Lorbeerblätter
600 g Steckrüben, geschält und gewürfelt
2 EL gehackte Petersilie

Die Butter in einem kleinen Topf etwa 10 Minuten aufkochen, bis sie ein nussiges Aroma entwickelt. Durch ein feines Sieb in einen sauberen Topf gießen und abkühlen lassen.

Die Kalbskoteletts mit der Nussbutter, dem Thymian, Salz und Pfeffer würzen und in einem Vakuumbeutel auf höchster Stufe vakuumieren. Im vorgeheizten Thermalisierer bei 56 °C 45 Minuten garen. Das Fleisch herausnehmen und auf dem Grill oder in einer heißen Grillpfanne mit der Nussbutter auf beiden Seiten scharf anbraten. Die Butter beiseite stellen.

Die Kartoffeln schälen und in kochendem Salzwasser garen. Abgießen und leicht abkühlen lassen. Die Kartoffeln stampfen, Milch, Butter und Eigelb unterrühren, dann Backpulver, Steinpilzpulver und Petersilie. Mit Salz, Pfeffer und Muskat abschmecken. Zum Schluss das steif geschlagene Eiweiß unterheben.

Die Steinpilze der Länge nach halbieren und in einer heißen Pfanne mit Butterschmalz anbraten. Die Pilze mit Ausstechringen fixieren und mit Kartoffelteig bedecken. Die Unterseite bei mittlerer Hitze goldbraun braten, die Ringe entfernen, die Pancakes wenden und die zweite Seite goldbraun braten.

Den Speck in einer Pfanne scharf anbraten, die Zwiebel dazugeben und mit Butter anschwitzen, mit Geflügelbrühe ablöschen, würzen, einmal aufkochen und abkühlen lassen. Den Sud mit den Steckrüben in einen Vakuumbeutel geben und auf höchster Stufe vakuumieren. Im vorgeheizten Thermalisierer bei 80 °C 1 Stunde garen. Sud im Topf erhitzen.

Mit gehackter Petersilie vermischen, abschmecken und mit dem Kalbskotelett und den Pancakes servieren. Die Butter zuletzt darübergeben.

113

Fleisch

Ossobuco mit Kräuterpolenta, Wurzelgemüse und Salsa Gremolata

Zubereitung: 1 Stunde
Garzeit: Kalbsbeinscheiben 6½ Stunden, Karottengemüse 45 Minuten, Frühlingszwiebeln 10 Minuten
Für 4 Personen

Zutaten

Für die Kalbsjus
2 kg Kalbsknochen
Röstgemüse (2 Zwiebeln, ⅓ Lauchstange, ⅓ Knollensellerie, 2 Karotten)
3 EL Rapsöl | 1 EL Tomatenmark
700 ml Rotwein | 2 l Kalbsfond
3 Lorbeerblätter
etwa 15 schwarze Pfefferkörner

Für das Ossobuco
4 Kalbsbeinscheiben (gleich dick)
2 Knoblauchzehen, ungeschält
4 Scheiben unbehandelte Zitrone
2 Stängel Petersilie | 2 Zweige Thymian
Olivenöl zum Anbraten
4 EL Olivenöl
Meersalz | frisch gemahlener schwarzer Pfeffer

Für das Wurzelgemüse
4 mittelgroße Karotten
4–6 Petersilienwurzeln
4 EL Olivenöl
Meersalz | frisch gemahlener schwarzer Pfeffer
frisch geriebene Muskatnuss
4 mittelgroße Urkarotten
2 Bund Frühlingszwiebeln

Für die Salsa Gremolata
3 EL fein gehackte Petersilie
abgeriebene Schale von 1 unbehandelten Zitrone

2–3 Knoblauchzehen, fein gehackt
etwa 100 ml Olivenöl
Meersalz | frisch gemahlener schwarzer Pfeffer

Für die Kräuterpolenta
1 l Geflügel- oder Gemüsebrühe
Meersalz | frisch gemahlener schwarzer Pfeffer
frisch geriebene Muskatnuss
120 g Polenta | 1 EL Butter
½ EL gehackter Thymian
½ EL gehackter Rosmarin
1 EL gehackte Petersilie
50 g Parmesan, fein gerieben

1 Die Knochen in einem heißen Topf mit Rapsöl scharf anbraten. Das Röstgemüse in walnussgroße Stücke schneiden und ebenfalls kräftig anbraten. Das Tomatenmark einrühren, mit einem kräftigen Schuss Rotwein ablöschen und den Bratensatz vom Topfboden lösen. Die Flüssigkeit verdampfen lassen und weiteranbraten, bis sich wieder ein Bratensatz am Topfboden bildet. Diesen wieder ablöschen, insgesamt dreimal, dann den Kalbsfond angießen. Bei mittlerer Hitze langsam zum Kochen bringen. Aufsteigenden Schaum abschöpfen. Wenn sich kein Schaum mehr bildet, die Gewürze dazugeben und alles bei mittlerer Hitze mindestens 2 Stunden kochen. Durch ein feines Sieb in einen sauberen Topf gießen und auf ein Drittel der Ausgangsmenge reduzieren.

2 Die Beinscheiben würzen und in einen Vakuumbeutel legen. Die Knoblauchzehen mit der Schale in einer heißen Pfanne goldbraun anrösten und wieder abkühlen lassen. Zusammen mit den restlichen Zutaten gleichmäßig im Vakuumbeutel verteilen und auf höchster Stufe vakuumieren. Das Ossobuco im vorgeheizten Thermalisierer bei 56 °C 6½ Stunden garen. Das Fleisch aus dem Beutel nehmen, trocken tupfen und in einer heißen Pfanne mit Olivenöl auf beiden Seiten scharf anbraten.

3 Die Karotten und die Petersilienwurzeln schälen, der Länge nach vierteln und zusammen mit 2 EL Olivenöl, Salz, Pfeffer und Muskat in einen Vakuumbeutel füllen. Auf höchster Stufe vakuumieren.

4 Die Urkarotten ebenso vorbereiten, mit 1 EL Öl, Salz, Pfeffer und Muskat würzen und in einem separaten Beutel vakuumieren.

5 Die Frühlingszwiebeln auf die gleiche Länge wie die Karotten schneiden und mit 1 EL Öl, Salz, Pfeffer und Muskat in einem Vakuumbeutel auf höchster Stufe vakuumieren.

6 Die Gemüse in den auf 85 °C vorgeheizten Thermalisierer geben, die Frühlingszwiebeln nach 10 Minuten herausnehmen und in kaltem Wasser abschrecken. Karotten und Petersilienwurzeln 45 Minuten garen, dann ebenfalls abschrecken.
Die Zutaten für die Salsa Gremolata sorgfältig in einer Schüssel verrühren.

7 Die Brühe mit Salz, Pfeffer und Muskat kräftig abschmecken, die Butter dazugeben und aufkochen, dann die Polenta mit einem Schneebesen einrühren und bei milder Hitze unter ständigem Rühren etwa 15 Minuten kochen lassen. Zum Schluss die gehackten Kräuter und den Parmesan unterrühren, abschmecken und eventuell nachwürzen. Bis zur Verwendung im Topf warm halten und vor dem Servieren eventuell mit etwas Brühe cremig rühren.

8 Die cremige Polenta in einem tiefen Teller anrichten, etwas Kalbsjus angießen, die Kalbsbeinscheibe anlegen und mit Gremolata beträufeln. Das Gemüse daneben oder in einer separaten Schüssel anrichten.

TIPP Das Abschrecken in kaltem Wasser sorgt dafür, dass Gemüse nach dem Garen eine schöne Farbe behält.

Fleisch

Spanferkelbraten mit Bayrischkraut, böhmischen Knödeln und Kümmel-Jus

Zubereitung: 2 Stunden
Garzeit: Schweineschulter 12 Stunden,
   Bayrischkraut 45 Minuten
Für 4 Personen

Zutaten

Für den Spanferkelbraten

1,5 kg Spanferkelschulter (ohne Knochen)
200 ml Rapsöl | 3 Knoblauchzehen
½ EL Meersalz
1 TL frisch gemahlener schwarzer Pfeffer
1 TL fein gemahlener Kümmel

Für die Knödel

500 g Mehl (Type 405) | 1 Würfel frische Hefe
1 Prise Zucker | Mineralwasser nach Bedarf
4 Scheiben Toastbrot, in feine Würfel geschnitten
geklärte Butter zum Anbraten
1 TL Meersalz | 1 Ei

Für das Bayrischkraut

1 Spitzkohl | 6 Scheiben Speck, fein gewürfelt
1 Zwiebel, fein gewürfelt | 2 EL Zucker
300 ml Essig | 2 EL Butter | ½ TL Kümmelsamen
Meersalz | frisch gemahlener schwarzer Pfeffer

Für die Kümmel-Jus

2 kg Schweineknochen
3 EL Rapsöl
2 Zwiebeln | ⅓ Lauchstange
⅓ Sellerieknolle | 2 Karotten
1 EL Tomatenmark | 1 l dunkles Weißbier
2 l Kalbsfond | 3 Lorbeerblätter
etwa 15 schwarze Pfefferkörner
1 TL Kümmelsamen
Meersalz zum Abschmecken
1–2 mehligkochende Kartoffeln, fein gerieben

1 Die Schwarte der Spanferkelschulter fein einritzen, dabei nicht in das Fleisch schneiden. Die weiteren Zutaten mit dem Pürierstab fein durchmixen. Das Fleisch gut damit einreiben, in einen Vakuumbeutel geben und auf höchster Stufe vakuumieren. Im vorgeheizten Thermalisierer bei 69 °C 12 Stunden garen.

2 Das Fleisch herausnehmen, den Sud auffangen und den Schweinebraten auf einem Blech im vorgeheizten Ofen bei 200 °C mit Grillfunktion in etwa 30 Minuten knusprig und goldbraun vollenden.

3 Das Mehl in eine Schüssel geben und in der Mitte eine Mulde formen. Die Hefe hineinbröseln, den Zucker darüberstreuen und mit etwas Mineralwasser verrühren. Die Schüssel mit einem Tuch abdecken und den Vorteig an einem warmen Ort 30 Minuten gehen lassen.

4 Die Weißbrotwürfel in geklärter Butter goldbraun anbraten und abkühlen lassen. Zusammen mit den restlichen Zutaten zum Teig geben, gut durchkneten und abgedeckt weitere 30 Minuten an einem warmen Ort gehen lassen.

5 Den aufgegangenen Teig in drei gleiche Teile schneiden und zu etwa 5 cm dicken und 30 cm langen Rollen formen. Locker in Frischhaltefolie wickeln und weitere 15 Minuten gehen lassen. Im vorgeheizten Dampfgarer bei 100 °C und 100 % Dampf 20 Minuten garen.

6 Den Spitzkohl der Länge nach vierteln, den Strunk entfernen. Die Blätter in mundgerechte Rauten schneiden und in einen Vakuumbeutel füllen.

Fleisch

7 Die Speckwürfel in einer heißen Pfanne scharf anbraten, dann die Zwiebelwürfel dazugeben und kurz mitbraten, mit Zucker bestreuen und leicht karamellisieren lassen. Mit Essig ablöschen, die Butter dazugeben, kurz aufkochen und dann vollständig abkühlen lassen. Zusammen mit Kümmel Salz und Pfeffer zum Spitzkohl in den Beutel geben, gut vermischen und auf höchster Stufe vakuumieren. Im vorgeheizten Thermalisierer bei 80 °C 45 Mi-nuten garen. Kurz vor dem Servieren das Gemüse in einen Topf geben, aufkochen und abschmecken.

8 Für die Kümmeljus die Knochen in einem heißen Topf mit Öl scharf anbraten. Zwiebeln, Lauch, Sellerie und Karotten in walnussgroße Stücke schneiden und ebenfalls kräftig anbräunen, Tomatenmark unterrühren. Mit einem kräftigen Schuss Weißbier ablöschen und mit einem Kochlöffel den Bratensatz vom Topfboden lösen. Die Flüssigkeit verdampfen lassen und weiterbraten, bis sich wieder Bratensatz am Topfboden bildet. Erneut ablöschen, insgesamt dreimal. Jetzt den Kalbsfond angießen und bei mittlerer Hitze langsam zum Kochen bringen.

9 Aufsteigenden Schaum abschöpfen. Wenn sich kein Schaum mehr bildet, die Gewürze dazugeben und alles mindestens 2 Stunden köcheln lassen. Durch ein feines Sieb in einen sauberen Topf gießen und auf ein Drittel der Ausgangsmenge reduzieren, dann abschmecken und zunächst mit der Hälfte der ge-riebenen Kartoffeln zur gewünschten Konsistenz andicken. Falls nötig mehr geriebene Kartoffeln mit dem Schneebesen einrühren und etwa 10 Minuten weiterkochen. Die Jus zum Schluss durch ein feines Sieb in einen sauberen Topf gießen und bis zum Gebrauch warm halten.

10 Die Spanferkelschulter tranchieren und zusammen mit Knödelscheiben, Gemüse und der Kümmeljus servieren.

Lammkarree mit Kräuterkruste,
Bohnen, Kartoffelspeckkuchen und Rotweinsauce

Zubereitung: 2 Stunden
Marinieren: mindestens 2 Stunden
Garzeit: Lamm 35 Minuten, Bohnen
4½ Stunden
Für 4 Personen

Zutaten

Für das Lammkarree
2 Lammkarees
Meersalz | frisch gemahlener schwarzer Pfeffer
2 Knoblauchzehen, in der Schale geröstet
Olivenöl zum Anbraten
2 EL Dijonsenf
2 Zweige Rosmarin

Für die Bohnen
300 g Augenbohnen, über Nacht eingeweicht
500 g Tomatenstücke aus der Dose
3 Lorbeerblätter
frisch gemahlener schwarzer Pfeffer
2 Zweige Thymian | 2 Zweige Oregano
1 Zwiebel, fein gewürfelt
2 Knoblauchzehen, fein gehackt
3 EL Olivenöl
Speisestärke

Für den Kartoffel-Speck-Kuchen
600 g festkochende Kartoffeln
300 ml flüssige geklärte Butter
Meersalz | frisch gemahlener schwarzer Pfeffer
frisch geriebene Muskatnuss
4–8 Rosmarinspitzen
4–8 Scheiben durchwachsener Speck

Für die Rotweinsauce
Lammknochen und Abschnitte
3 EL Rapsöl
1 Zwiebel
1 Karotte
¼ Lauchstange
¼ Sellerieknolle
1 EL Tomatenmark
1 l kräftiger Rotwein
1 l Kalbsfond
3 Lorbeerblätter
1 TL schwarze Pfefferkörner
1 mittelgroße mehligkochende Kartoffel, fein gerieben

Für die Kräuterkruste
150 g Butter, zimmerwarm
1 EL gehackter Thymian
1 EL gehackter Rosmarin
1 EL gehackte Petersilie
2 Eigelb
3 EL Panko (japanische Semmelbrösel)
Meersalz | frisch gemahlener schwarzer Pfeffer

Fleisch

1 Von den Lammkarrees jeden zweiten Knochen entfernen und für die Sauce aufheben. Die Silberhaut vom Fleisch entfernen und ebenfalls für die Sauce beiseite stellen.

2 Den Fettrand fein einritzen, die Karrees mit etwas Salz und Pfeffer würzen und zusammen mit den Knoblauchzehen in einer heißen Pfanne mit Olivenöl scharf anbraten, herausnehmen und abkühlen lassen. Die Karrees mit Senf bestreichen und mit den Knoblauchzehen in einem Vakuumbeutel auf höchster Stufe vakuumieren. Mindestens 2 Stunden, am besten aber über Nacht marinieren. Im vorgeheizten Thermalisierer bei 56 °C 35 Minuten garen.

3 Die Bohnen abgießen und mit allen Zutaten in einen Vakuumbeutel geben. Auf höchster Stufe vakuumieren. Im vorgeheizten Thermalisierer bei 85 °C 4½ Stunden garen. Kurz vor dem Servieren das Bohnenragout in einem Topf erhitzen, eventuell mit etwas angerührter Speisestärke andicken und mit Salz würzen.

4 Die Kartoffeln schälen und mit dem Küchenhobel in dünne Scheiben schneiden. In einer Schüssel mit Butter, Salz, Pfeffer und Muskat vermischen. Rosmarinspitzen auf ofenfeste Förmchen verteilen, die Förmchen mit Speckscheiben auslegen und die Kartoffelscheiben einschichten. Überstehende Speckscheiben umschlagen und alles gut andrücken. Die Kartoffel-Speck-Kuchen im vorgeheizten Backofen bei 160 °C mindestens 30 Minuten backen.

5 Für die Sauce die Knochen und Abschnitte in einem Topf mit Rapsöl scharf anbraten. Zwiebel, Karotte, Lauch und Sellerie in etwa walnussgroßen Stücke schneiden und mitrösten. Tomatenmark dazugeben, kurz mitrösten und mit einem kräftigen Schuss Rotwein ablöschen. Den Bratensatz am Topfboden ablösen. Die Flüssigkeit reduzieren, bis sich wieder ein Bratensatz am Topfboden bildet, und wieder ablöschen. Insgesamt dreimal ablöschen, dann mit Kalbsfond auffüllen und bei mittlerer Hitze langsam zum Kochen bringen.

6 Aufsteigenden Schaum abschöpfen. Dann erst die Gewürze zugeben und alles mindestens 2 Stunden bei kleiner Hitze köcheln lassen. Durch ein feines Sieb in einen sauberen Topf gießen und auf ein Drittel der Ausgangsmenge reduzieren.

7 Die geriebene Kartoffel nach und nach mit einem Schneebesen einrühren, bis die Sauce die gewünschte Konsistenz hat. Noch einmal aufkochen, durch ein Sieb gießen und abschmecken.

8 Für die Kräuterkruste die Butter in einer Schüssel mit dem Handrührgerät weißschaumig schlagen, dann die restlichen Zutaten dazugeben und gut vermischen.

9 Die gegarten Lammkarrees aus dem Beutel nehmen, auf der Oberseite etwa 1 cm dick mit der Buttermischung bestreichen und auf ein Backblech legen. Unter dem vorgeheizten Backofengrill bei 200 °C in 6–8 Minuten goldbraun gratinieren. Nach dem Herausnehmen 2 Minuten ruhen lassen, dann aufschneiden und alles auf einem Teller anrichten.

Tipp Dieses aufwendige Gericht lässt sich wunderbar vorbereiten: Die Bohnen können Sie mindestens 2 Tage im Voraus zubereiten, die Sauce auf jeden Fall am Vortag vorbereiten.

Fleisch

Der perfekte Burger mit eingelegten Tomaten, Basilikum-Aioli und Kräuter-Wedges

Zubereitung: 45 Minuten
Marinieren: 2 Stunden
Garzeit: Burger 30 Minuten, Kartoffeln 1 Stunde
Für 4 Personen

Zutaten

Für die Burger
1 kg Rib-Eye-Steak
2 Zwiebeln
Meersalz
frisch gemahlener roter Kambodschapfeffer oder schwarzer Pfeffer
Olivenöl

Für die eingelegten Tomaten
6 Tomaten
1 Zwiebel, fein gewürfelt
1 EL Olivenöl
2 EL Tomaten- oder Weißweinessig
1 TL Senfkörner
2 Lorbeerblätter
1 EL brauner Zucker
Meersalz | frisch gemahlener schwarzer Pfeffer

Für das Basilikum-Aioli
1 Knoblauchzehe, grob gehackt
3 Eigelb
1 TL Senf
Saft von ½ Zitrone
etwa 20 Basilikumblätter
Meersalz | frisch gemahlener schwarzer Pfeffer
100 ml Olivenöl
100 ml Pflanzenöl

Für die Kräuter-Wedges
600 g kleine festkochende Kartoffeln
1 EL fein gehackter Rosmarin

1 EL fein gehackter Thymian
2 Knoblauchzehen, in der Schale geröstet und zerdrückt
3 EL Olivenöl
Meersalz
Piment d'Espelette (oder scharfes Paprikapulver)
frisch gemahlener schwarzer Pfeffer
Rapsöl zum Braten

Für die Fertigstellung
etwa 12 Scheiben Pancetta oder Frühstücksspeck
Rapsöl zum Braten
4 große Burger-Brötchen
1 Romanasalatherz
4–8 Scheiben Cheddar oder Emmentaler

1 Das Fleisch zusammen mit den geschälten Zwiebeln durch den Fleischwolf drehen und in einer Schüssel mit Salz und Pfeffer mischen, abschmecken.

2 Vier runde Ausstechformen (12 cm Durchmesser) mit Öl ausstreichen. Das Fleisch gleichmäßig auf die Formen verteilen und einzeln in Vakuumbeuteln auf höchster Stufe vakuumieren. Im vorgeheizten Thermalisierer bei 54 °C 30 Minuten garen. Die Burger herausnehmen, aus den Formen lösen und auf dem Grill oder in einer heißen Pfanne mit Rapsöl auf beiden Seiten etwa 1 Minute scharf anbraten.

3 Die Tomaten auf der Unterseite kreuzweise einritzen und 10–20 Sekunden in kochendes Wasser tauchen. Herausnehmen und in kaltem Wasser abschrecken, häuten, vierteln und die Samen entfernen.

4 Die Zwiebelwürfel in Olivenöl anschwitzen, dann den Essig und die restlichen Zutaten dazugeben und einmal aufkochen. Vollständig abkühlen lassen und mit den Tomatenfilets in einem Vakuumbeutel auf höchster Stufe vakuumieren. Die Tomaten mindestens 2 Stunden marinieren. Zum Fertigstellen für etwa 5 Minuten zum Fleisch in den Thermalisierer geben.

5 Für das Aioli den Knoblauch mit Eigelb, Senf, Zitronensaft, Basilikum, Salz und Pfeffer in einen Mixbecher geben und mit dem Stabmixer fein pürieren. Jetzt die beiden Öle langsam untermixen, bis eine dicke Mayonnaise entsteht, eventuell mit Salz und Pfeffer nachwürzen.

6 Die Kartoffeln mit den übrigen Zutaten gut vermischen und in einem Vakuumbeutel auf höchster Stufe vakuumieren. Im vorgeheizten Thermalisierer bei 85 °C 1 Stunde garen. Aus dem Beutel nehmen und in der Pfanne, im Backofen oder in der Fritteuse goldbraun braten.

7 Den Speck in einer heißen Pfanne mit etwas Rapsöl goldbraun anbraten. Anschließend im Ofen bei etwa 50 °C warm halten.

8 Die Brötchen aufschneiden und unter dem Backofengrill bei 200 °C von allen Seiten leicht rösten. Die Schnittflächen mit Aioli bestreichen, den Boden mit Salatblättern belegen und dann die eingelegten Tomatenfilets darauf verteilen.

9 Die Burger mit gebratenem Speck und Käse belegen und für 2 Minuten im Ofen erhitzen, damit der Käse besser schmilzt, dann auf die Tomaten geben und die obere Brötchenhälfte daraufsetzen. Sofort mit den Wedges servieren.

Fleisch

Rinderhüfte mit Papaya-Salsa, Okraschoten und Maniok-Fritters

Zubereitung: 1 Stunde
Marinieren: über Nacht
Garzeit: 1½–2 Stunden
Für 4 Personen

Zutaten

Für die Rinderhüfte

1,5 kg Rinderhüfte (aus dem Mittelstück)
300 g Papaya | 4 EL helle Sojasauce
2 EL brauner Zucker | 1 TL Meersalz
frisch gemahlener schwarzer Pfeffer
Erdnussöl zum Anbraten

Für die Okraschoten

3 Strauchtomaten
400 g Okraschoten, der Länge nach halbiert
3 EL Erdnussöl
Meersalz | frisch gemahlener schwarzer Pfeffer

Für die Papaya-Salsa

400 g Papaya, fein gewürfelt
5 große Rispen frischer grüner Pfeffer,
    abgezupft (im Asialaden erhältlich)
1 rote Zwiebel, fein gewürfelt | Saft von 1 Limette

124

3 EL thailändische Fischsauce
1 EL Erdnussöl

Für die Maniok-Fritters
1,5 l Rapsöl
450 g gemahlene, ausgedrückte Maniokwurzel (aus dem Asialaden)
je ½ rote und gelbe Paprikaschote, fein gewürfelt
2 Frühlingszwiebeln, in feine Ringe geschnitten
3 Eigelb | 3 EL Speisestärke
Meersalz | frisch gemahlener schwarzer Pfeffer
frisch geriebene Muskatnuss

1 Das Fleisch parieren. Für die Marinade Papaya mit Sojasauce, Zucker, Salz und Pfeffer im Mixer fein pürieren. Das Fleisch zusammen mit der Marinade in einen Vakuumbeutel geben, auf höchster Stufe vakuumieren und über Nacht marinieren. In den auf 56 °C vorgeheizten Thermalisierer legen, den Kerntemperaturfühler einstechen und das Fleisch so lange garen, bis die Kerntemperatur 56 °C erreicht hat (etwa 1½ Stunden).

2 Die Tomaten auf der Unterseite kreuzweise einritzen und für 10–20 Sekunden in kochendes Wasser tauchen. In kaltem Wasser abschrecken, häuten, vierteln, von den Samen befreien und in kleine Würfel schneiden.

3 Die Okraschoten in einer heißen Pfanne mit Öl scharf anbraten und gut rösten, mit Salz und Pfeffer würzen, zum Schluss die Tomatenwürfel untermischen. Für die Salsa die Papaya mit den restlichen Zutaten vermischen.

4 Das Öl in der Fritteuse oder in einem hohen Topf erhitzen. Maniokwurzel mit den restlichen Zutaten vermischen und einen nicht zu feuchten Teig herstellen. Mit zwei Esslöffeln Nocken abstechen und portionsweise in dem heißen Öl goldbraun frittieren. Mit einem Schaumlöffel herausheben und auf Küchenpapier abtropfen lassen. Im Ofen bei 100 °C warm halten.

5 Das Fleisch trocken tupfen und in einer heißen Pfanne mit Öl rundum scharf anbraten. Zum Servieren in 2 cm dicke Scheiben schneiden. Zusammen mit der Salsa und Maniok-Fritters anrichten, das Gemüse separat reichen.

Tipp Papaya enthält Papain, einen natürlichen Zartmacher, der jedes Fleisch butterweich macht.

Fleisch

Fingerlickin' Spare-Ribs
mit Schoko-BBQ-Sauce und Maiskolben

Zubereitung: 2 Stunden
Garzeit: 14 Stunden
Für 4 Personen

Zutaten

Für die Spare-Ribs

1,2 kg Schweinerippchen
   (4 kleine Rippenstränge)
2 EL Kreuzkümmel
2 EL schwarze Pfefferkörner | 1 EL Meersalz
1 EL Zwiebelpulver | 1 EL Knoblauchpulver
1 EL geräuchertes Paprikapulver
1 TL Chilipulver | 200 ml grober Senf
4 EL Ahornsirup

Für die Maiskolben

4 Maiskolben im Blatt | 2 EL Butter
200 ml Milch | 1 TL Meersalz
10 Körner roter Kambodschapfeffer
1 Messerspitze Piment'Espelette
1 Thymianzweig

Für die Schoko-BBQ-Sauce

100 g Mandeln, gehäutet
6 Tomaten | 1 Zwiebel
2 große Knoblauchzehen
2 EL Rapsöl
1 TL Chipotlepulver oder eingelegte
   Chipotle-Chilischoten
½ TL gemahlener Zimt | 50 ml Apfelessig
1 EL Rübensirup
50 g Bitterschokolade, geraspelt
Meersalz

Für die Fertigstellung

Weizentortillas | Olivenöl zum Bestreichen
Paprikapulver
4–8 grüne Chilischoten

1. Die Spare-Ribs mit Küchenpapier abreiben und auf ein Arbeitsbrett legen. Für die Marinade die Gewürze mit dem Senf im Mixer fein pürieren. Die Rippchen damit einreiben und in zwei große Vakuumbeutel geben. In jeden Beutel 2 EL Ahornsirup geben und auf höchster Stufe vakuumieren. Im vorgeheizten Thermalisierer bei 69 °C 14 Stunden garen.

2. Die Maiskolben zur Hälfte vom Grün befreien und auf zwei große Vakuumbeutel verteilen. Die restlichen Zutaten dazugeben und auf höchster Stufe vakuumieren. Im vorgeheizten Thermalisierer bei 85 °C 2 Stunden garen. Danach in Eiswasser abschrecken.

3. Für die Schoko-BBQ-Sauce die Mandeln in einer heißen Pfanne ohne Fett bei mittlerer Hitze hellbraun rösten. Die Tomaten auf der Unterseite mit einem Messer kreuzweise einritzen. Für 10–20 Sekunden in kochendes Wasser tauchen, dann sofort in Eiswasser abschrecken. Die Tomaten häuten, vierteln, Kerne und Samen entfernen. Die Zwiebel und den Knoblauch fein würfeln und in einem heißen Topf mit dem Öl glasig anschwitzen. Die Tomatenviertel dazugeben, mit dem Chilipulver und Zimt bestäuben und mit Essig ablöschen. Den Rübensirup, 200 ml Wasser und die Mandeln dazugeben, die Sauce aufkochen und bei niedriger Hitze 30 Minuten köcheln lassen, eventuell etwas Wasser nachgießen. Die Schokolade unterrühren und schmelzen lassen. Die Sauce im Mixer fein pürieren, abschmecken.

4. Den Mais im Beutel für die letzten 30 Minuten zu den Spare-Ribs ins Wasserbad geben und erwärmen. Herausnehmen und in einer heißen Pfanne oder auf dem Grill rundum bräunen.

5. Die Spare-Ribs ebenfalls herausnehmen und auf dem Grill oder im Backofen mit Grillfunktion in 20–30 Minuten rundherum knusprig rösten.

6. Die Tortillas in Dreiecke oder Rauten schneiden mit Olivenöl und etwas Paprikapulver vermischen. Auf einem Backblech verteilen und im 180 °C heißen Ofen in 8–10 Minuten goldbraun backen. Die Chilischoten in einer heißen Pfanne mit Pflanzenöl rundum anbraten, mit Fleur de Sel würzen.

7. Alles auf einem Teller oder Brett anrichten, die Sauce in ein Schälchen geben. Mit Schokoladenspänen dekorieren und los geht's, Fingerablecken nicht vergessen!

Fleisch

Wagyu-Short-Ribs mit grober BBQ-Sauce und Cole-Slaw-Wrap

Zubereitung: 1 Stunde
Garzeit: 16 Stunden
Für 4 Personen

Zutaten

Für die Wagyu-Short-Ribs
2,5 kg Wagyu-Short-Ribs (ersatzweise Querrippe vom Rind)
4 EL Räucheröl
2 EL Räuchersalz
frisch gemahlener schwarzer Pfeffer

Für die BBQ-Sauce
10 Strauchtomaten
10 Scheiben Speck, fein gewürfelt
1 große Zwiebel, fein gewürfelt
Räucheröl zum Anbraten
2 EL Rübensirup
200 ml heller Essig
2 Lorbeerblätter
Meersalz | schwarzer Pfeffer

Für den Cole-Slaw
½ kleiner Kopf Weißkohl
Meersalz
3 mittelgroße Karotten
4 Frühlingszwiebeln, in feine Ringe geschnitten
Saft von 2 Zitronen
2 EL Rapsöl oder ein anderes Pflanzenöl
3 EL Crème fraîche oder Sauerrahm
frisch gemahlener schwarzer Pfeffer

Für die Wraps
2 Avocados
einige Spritzer Zitronensaft
4 große Weizentortillas
Meersalz | frisch gemahlener schwarzer Pfeffer

1. Die Rippchen mit Öl, Salz und Pfeffer einreiben und auf zwei Vakuumbeutel verteilen. Auf höchster Stufe vakuumieren. Im vorgeheizten Thermalisierer bei 69 °C 16 Stunden garen. Die Rippchen aus dem Beutel nehmen und kurz vor dem Servieren auf dem Grill oder unter dem vorgeheizten Backofengrill bei 200 °C in 15–20 Minuten knusprig braten.

2. Die Tomaten an der Unterseite einritzen, kurz in kochendes Wasser tauchen, dann in kaltem Wasser abschrecken. Die Tomaten häuten, vierteln, von Stielansatz und Samen befreien und würfeln.

3. Speck- und Zwiebelwürfel in einer heißen Pfanne mit Räucheröl scharf anbraten und dunkel rösten. Die Tomatenwürfel zugeben, den Rübensirup unterrühren und mit Essig ablöschen. Lorbeerblätter dazugeben und die Sauce bei kleiner Hitze 30 Minuten köcheln lassen, eventuell etwas Wasser oder Brühe angießen. Mit Salz und Pfeffer würzen.

4. Den Weißkohl mit dem Hobel in dünne Streifen schneiden. In einer Schüssel mit Salz durchkneten und mindestens 30 Minuten ziehen lassen. Die Karotten raspeln und mit den Frühlingszwiebeln und den restlichen Zutaten zum Kohl geben, würzen.

5. Die Avocados halbieren, das Fruchtfleisch herauslösen und zerdrücken und mit etwas Zitronensaft vermischen. Die Tortillas mit Avocado bestreichen, mit etwas Salz und Pfeffer würzen.

6. Den Salat gut ausdrücken und großzügig auf den Tortillas verteilen. Die Tortillas fest aufrollen und wie gewünscht schneiden und portionieren. Die Rippchen großzügig mit der Sauce bestreichen, auf einem Teller anrichten und die Wraps anlegen.

Rib-Eye-Steak mit Stampfkartoffeln und gratinierter Tomate

Zubereitung: 45 Minuten
Garzeit: etwa 1½ Stunden
Für 4 Personen

Zutaten

Für das Rib-Eye-Steak

1 kg Rib-Eye-Steak
1 TL Meersalz
frisch gemahlener schwarzer Pfeffer
1 EL Olivenöl
1 Thymianzweig
Rapsöl zum Anbraten

Für die gratinierten Tomaten

4 Tomaten
Meersalz | frisch gemahlener schwarzer Pfeffer
100 g zimmerwarme Butter
1 TL gehackter Thymian
1 TL gehackter Rosmarin
2 Knoblauchzehen
1 Eigelb
2 EL Panko (japanische Semmelbrösel)

Für die Stampfkartoffeln

500 g Kartoffeln (Bamberger Hörnchen oder La Ratte)
1 TL Kümmel
1 EL Meersalz
15 schwarze Pfefferkörner
1 TL gemahlener Koriander
geriebene Muskatnuss
2 EL Röstzwiebeln
1 EL Butter
1 EL fein geschnittene Petersilie

1. Das Fleisch trocken tupfen, mit Salz und Pfeffer würzen. Mit Olivenöl und Thymian in einem Vakuumbeutel auf höchster Stufe vakuumieren. In den auf 56 °C vorgeheizten Thermalisierer legen, den Kerntemperaturfühler einstechen und das Fleisch garen, bis die Kerntemperatur 56 °C erreicht hat (etwa 1½ Stunden).

2. Aus den Tomaten den Stielansatz herausschneiden. Die untere Seite flach schneiden, Tomaten halbieren und mit Salz und Pfeffer würzen.

3. In einer Rührschüssel die Butter mit dem Handrührgerät schaumig schlagen. Mit einem Löffel die weiteren Zutaten unterrühren, die Masse würzen und abschmecken. Gleichmäßig auf die Tomaten verteilen und im vorgeheizten Backofen bei 200 °C in 8–10 Minuten goldbraun backen.

4. Die Kartoffeln in kochendem Wasser mit Kümmel und Meersalz garen. Abgießen und kurz abkühlen lassen, dann pellen. Die Gewürze im Mörser fein zerstoßen und zu den Kartoffeln geben. Butter und Petersilie ebenfalls hinzufügen und alles mit einem Kartoffelstampfer oder einer Gabel grob zerkleinern, abschmecken und eventuell nachwürzen.

5. Das Steak aus dem Vakuumbeutel nehmen, trocken tupfen und in einer heißen Pfanne mit Rapsöl oder auf dem Grill auf beiden Seiten kurz scharf anbraten. Auf einem Schneidebrett 1–2 Minuten ruhen lassen, dann tranchieren und mit Kartoffelstampf und Tomaten servieren.

5. Desserts

Auch für Desserts bieten meine Gartechniken tolle Möglichkeiten: Obst lässt sich ausgezeichnet sous vide zubereiten und haltbar machen. Wer es nicht sofort verwenden will, kann es vorbereiten und platzsparend lagern. Aber auch im Dampfgarer können Sie spielend leicht leckere Süßspeisen zaubern.

Marinierte und gegrillte Ananas mit Hibiskusblüten und Raffaello-Eis

Zubereitung: 1 Stunde
Marinieren: 4 Stunden
Für 4 Personen

Zutaten

Für das Raffaello-Eis
250 ml Milch
250 ml Sahne
100 g Zucker
½ Tahiti-Vanilleschote
3 Eigelb
12 Raffaello
frische Minze zum Dekorieren

Für die Ananas
½ Ananas
3 EL brauner Zucker
200 ml Weißwein
ausgekratztes Mark von ½ Tahiti-Vanilleschote
Schale von ½ unbehandelten Limette
3 Stängel frische Minze
kandierte Hibiskusblüten

1. Für das Eis Milch und Sahne mit dem Zucker, der aufgeschlitzten Vanilleschote und dem ausgekratzten Mark in einem Topf aufkochen.

2. Eigelb in eine hitzebeständige Schüssel geben. Die heiße Milch-Sahne-Mischung durch ein Sieb unter ständigem Rühren nach und nach zu den Eigelben gießen. Die Masse über einem Wasserbad cremig schlagen, bis sie gut an einem Rührlöffel haftet.

3. Die Masse in eine kalte Schüssel gießen und in Eiswasser weiterschlagen, bis sie kalt ist. Zehn Raffaello dazugeben und im Mixer fein pürieren. Die Masse in die Eismaschine einfüllen und gefrieren lassen.

4. Die Ananas schälen, vom Strunk befreien und in einen Vakuumbeutel geben. Den Zucker mit etwa 3 EL Wasser aufkochen und karamellisieren, mit Weißwein ablöschen. Das Vanillemark und die Limettenschale dazugeben und auf mittlerer Hitze kochen, bis der Karamell aufgelöst ist.

5. Den Sud abkühlen lassen und zur Ananas gießen, die Minze dazugeben und auf höchster Stufe vakuumieren. 4 Stunden marinieren. Aus dem Beutel nehmen, den Sud auffangen. Die Ananas in einer heißen Pfanne auf der Oberseite leicht karamellisieren und danach in 1 cm dicke Scheiben schneiden.

6. Den Sud durch ein Sieb in einen kleinen Topf gießen und sirupartig einkochen. Zum Schluss die Hibiskusblüten kurz darin ziehen lassen.

7. Die Ananasscheiben auf Tellern anrichten und mit dem Sirup übergießen, die Hibiskusblüten anlegen. Eine Kugel Eis dazugeben und mit etwas Sirup beträufeln. Eine halbierte Raffaello-Kugel vorsichtig in das Eis drücken und mit Minze dekorieren.

Desserts

Rum-Bananen mit
Erdnuss-French-Toast und Curry-Eis

Zubereitung: 1 Stunde
Marinieren: 2–4 Stunden
Garzeit: 25 Minuten
Für 4 Personen

Zutaten

Für das Curry-Eis
250 ml Milch
250 ml Sahne
100 g Zucker
½ Tahiti-Vanilleschote, aufgeschlitzt
1 TL mildes Madras-Currypulver
3 Eigelb
Minzeblättchen zum Dekorieren

Für die Rum-Bananen
8 Mini-Bananen
5 EL Ahornsirup
300 ml Rum
6 Kaffirlimettenblätter
1 Tahiti-Vanilleschote
Butter zum Anbraten

Für den Erdnuss-French-Toast
4 Scheiben Rosinenbrot oder Hefezopf
2–3 EL Erdnussbutter
1 EL Preiselbeerkonfitüre
3 Eier, verquirlt
1 TL Zucker
5 EL Kokosflocken
geklärte Butter zum Anbraten

1. Milch und Sahne mit dem Zucker, der aufgeschlitzten Vanilleschote und dem ausgekratzten Mark sowie dem Currypulver in einem Topf aufkochen und 10 Minuten ziehen lassen.

2. Eigelb in eine hitzebeständige Schüssel geben und mit der heißen Milch-Sahne-Mischung verrühren. Über einem Wasserbad unter ständigem Rühren erhitzen, bis die Masse cremig wird. Dann durch ein Sieb in eine saubere Schüssel gießen, vollständig abkühlen lassen und in die Eismaschine gießen.

3. Die Bananen schälen und mit den übrigen Zutaten in einen Vakuumbeutel geben. Nicht zu fest vakuumieren, da sonst die Früchte zerdrückt werden könnten. 2–4 Stunden marinieren, dann im vorgeheizten Thermalisierer bei 65 °C 25 Minuten garen.

4. Die Bananen aus dem Beutel nehmen, die Marinade auffangen. Die Früchte in einer heißen Pfanne mit Butter rundum kurz anbraten, herausnehmen. Die Marinade durch ein Sieb in die Pfanne gießen und sirupartig einkochen.

5. Das Rosinenbrot mit Ausstechern in die gewünschte Form bringen oder zurechtschneiden. Pro Portion werden zwei Stücke benötigt. Alle Stücke mit Erdnussbutter bestreichen, die Hälfte der Scheiben mit Preiselbeerkonfitüre bestreichen, die restlichen Scheiben darauflegen und leicht andrücken. Die Toasts in verquirltem Ei und Kokosflocken panieren. In einer heißen Pfanne mit geklärter Butter bei mittlerer Hitze rundum goldbraun braten.

6. Die Bananen diagonal halbieren, auf einem Teller anrichten und mit dem Sirup übergießen. Die French-Toasts halbieren, anlegen und mit einer Kugel Curry-Eis servieren, mit Minzeblättchen dekorieren.

Desserts

Gefüllte Reisbällchen mit Litschis und Kokosmilchschaum

Zubereitung: 45 Minuten
Garzeit: 20 Minuten
Für 4 Personen

Zutaten

Für die Klebreisbällchen

250 g Klebreis
1 Dose süße rote Bohnenpaste
  (aus dem Asialaden)
1 EL geröstete Kokosflocken
1 EL geröstete Sesamsamen
1 EL geröstete und grob gemahlene Pistazien

Für den Kokosmilchschaum

1 l Kokosmilch
2 Pandanblätter (aus dem Asialaden)
5 EL brauner Zucker
1 Dose geschälte Litschifrüchte
Saft von 1 Limette
200 g Tapiokaperlen

1. Den Klebreis mit reichlich kaltem Wasser bedecken und über Nacht einweichen. Am nächsten Tag ein Lochblech oder einen Dampfeinsatz mit einem nassen Baumwolltuch auslegen. Den Reis darauf flach verteilen und im vorgeheizten Dampfgarer bei 100 °C und 100 % Dampf 20 Minuten garen. Herausnehmen und leicht abkühlen lassen.

2. Für das Kokos-Litschi-Süppchen die Kokosmilch mit Pandanblättern, Zucker und Limettensaft zum Kochen bringen und 20 Minuten bei niedriger Hitze köcheln lassen. Die Hälfte des Litschisafts aus der Dose dazugießen und wieder aufkochen, danach warm halten. Mit dem Pürierstab aufmixen.

3. Die Tapiokaperlen in reichlich kochendem Wasser garen, bis die Kügelchen durchsichtig sind und keinen weißen Kern mehr aufweisen. In ein Sieb abgießen und mit kaltem Wasser abschrecken.

4. Die Hände mit Wasser befeuchten und etwas Reis zu einem kleinen Fladen formen, etwa einen halben Teelöffel Bohnenpaste daraufgeben und zu einem Ball rollen.

5. Litschis und Tapiokaperlen auf kleine Suppenschalen verteilen. Den Kokosmilchschaum dazugießen. Die Bällchen mittig anrichten und mit Kokosflocken, Sesamsamen und Pistazien bestreuen.

Tipp Die Reisbällchen lassen sich warm oder kalt servieren. Zum Aufwärmen 3–5 Minuten in den vorgeheizten Dampfgarer bei 80 °C und 100% Dampf auf ein mit einem feuchten Geschirrtuch belegtes Blech geben.

Desserts

Tonkabohnen-Crème-brûlée

Zubereitung: 35 Minuten plus
1 Stunde Kühlzeit
Garzeit: 35 Minuten
Für 4 Personen

Zutaten

Für die Tonkabohnen-Crème-brûlée
250 ml Milch
250 ml Sahne
80 g Zucker
2 Tonkabohnen, fein gerieben
2 Eier
3 Eigelb
brauner Zucker zum Karamellisieren

Für die Hippenstäbchen
60 g Mehl
55 g Puderzucker
1 Eiweiß
25 ml Sahne
10 g Butter, zerlassen

Zum Dekorieren
frische Himbeeren
frische Minzeblätter

1 Die Milch mit der Sahne, dem Zucker und den Tonkabohnen in einem Topf aufkochen und 10 Minuten bei niedriger Hitze ziehen lassen.

2 Eier und Eigelb in einer hitzebeständigen Schüssel verrühren und mit der heißen Milch-Sahne-Mischung vermischen. Die Flüssigkeit durch ein feines Sieb gießen und dann in ofenfeste Förmchen füllen.

3 Die Creme im vorgeheizten Dampfgarer bei 90 °C und 80 % Wasserdampf 20–25 Minuten garen. Herausnehmen und abkühlen lassen.

4 Die abgekühlte Creme gleichmäßig mit braunem Zucker bestreuen und mit dem Gasbrenner karamellisieren.

5 Für die Hippenstäbchen in einer Schüssel alle Zutaten vermischen und für mindestens 1 Stunde in den Kühlschrank stellen. Anschließend den Teig in einen Spritzbeutel mit feiner Rundtülle füllen und dünne Streifen auf ein mit Backpapier belegtes Backblech spritzen. Die Stäbchen im vorgeheizten Backofen bei 200 °C (am besten Grillfunktion, sonst Umluft) in etwa 5 Minuten goldbraun backen.

6 Herausnehmen, abkühlen lassen und mit der auf Zimmertemperatur abgekühlten Crème brûlée servieren. Mit Himbeeren und Minzeblättern dekorieren.

Desserts

Dampfnudeln auf Heidelbeerkompott

Zubereitung: 1½ Stunden
Garzeit: Dampfnudeln 20 Minuten,
    Heidelbeeren 25 Minuten
Für 4 Personen

Zutaten

Für die Dampfnudeln
500 g Mehl (Type 405)
1 Würfel frische Hefe
1 Packung Vanillezucker
1 EL Zucker
etwa 200 ml lauwarme Milch
1 Prise Salz
1 Ei

Für das Heidelbeerkompott
500 g Heidelbeeren
5 EL Zucker
abgeriebene Schale von ½ unbehandelten
    Orange
150 ml Crème de Cassis
Speisestärke

Für die Fertigstellung
flüssige Butter zum Bestreichen
Puderzucker zum Bestauben

1 Das Mehl in eine Schüssel füllen und in die Mitte eine Mulde drücken. Die Hefe in die Mulde bröseln mit Zucker und etwas lauwarmer Milch verrühren. Abgedeckt an einem warmen Ort etwa 30 Minuten stehen lassen. Die restlichen Zutaten untermischen und einen glatten Teig herstellen. Er darf nicht kleben, falls nötig noch etwas Mehl einarbeiten. Zugedeckt weitere 30 Minuten gehen lassen.

2 Den aufgegangenen Teig gut durchkneten und zu einer etwa 2 cm dicken rechteckigen Platte ausrollen. Mit einem Ausstecher gleichmäßige Kreise ausstechen.

3 Die Heidelbeeren mit den übrigen Zutaten in einem Vakuumbeutel gut vermischen und auf höchster Stufe vakuumieren. Im vorgeheizten Thermalisierer bei 65 °C 25 Minuten garen. Die Heidelbeeren in ein Sieb abgießen, den Sud auffangen und in einem Topf aufkochen. Mit etwas angerührter Speisestärke leicht abbinden. Die Heidelbeeren wieder hineingeben, einmal aufkochen und in eine große ofenfeste Form füllen.

4 Die ausgestochenen Teigtaler locker nebeneinander auf den Heidelbeeren verteilen und 15 Minuten gehen lassen. Im vorgeheizten Dampfgarer bei 100 °C und 100 % Dampf 20 Minuten dämpfen.

5 Die Dampfnudeln vor dem Servieren mit flüssiger Butter bestreichen und anschließend mit etwas Puderzucker bestauben.

Desserts

Mascarpone-Kirsch-Trifle

Zubereitung: 45 Minuten plus
   2 Stunden Kühlzeit
Garzeit: 25 Minuten
Für 4 Personen

Zutaten

Für die Kirschen
500 g Kirschen, entkernt
5 EL brauner Zucker
150 ml Kirschsaft
150 ml Rum
1 Tahiti-Vanilleschote, aufgeschlitzt und ausgekratzt
1 Stängel Verbene oder die Schale von ½ unbehandelten Zitrone
Speisestärke

Für die Mascarponecreme
6 Blatt Gelatine (12 g)
3 Eier, getrennt
3 EL Zucker
Mark von ½ Vanilleschote
4 cl Kirschwasser
250 g Mascarpone

Für die Fertigstellung
24 Cantuccini
200 ml Süßwein (etwa Vin Santo)
200 g Edelnugat

1 Die Kirschen mit den übrigen Zutaten in einen Vakuumbeutel geben, gut vermischen und auf höchster Stufe vakuumieren. Im vorgeheizten Thermalisierer bei 65 °C 25 Minuten garen. Die Kirschen in ein Sieb abgießen und den Saft auffangen. Die Vanilleschote und eventuell die Verbene entfernen. Den Saft aufkochen und mit etwas angerührter Speisestärke leicht abbinden. Die Kirschen wieder dazugeben und abkühlen lassen.

2 Die Gelatine in kaltem Wasser einweichen. Eigelb mit Zucker, Vanillemark und Kirschwasser in eine Schüssel geben und über einem Wasserbad mit einem Schneebesen aufschlagen, bis die Masse luftig wird. Die Gelatine gut ausdrücken und in der heißen Eimasse auflösen. Den Mascarpone zugeben und mit dem flüssigen Eiweiß glatt rühren. Die Mascarponecreme in einen ISI-Whip-Siphon füllen, verschließen, mit zwei Stickstoffpatronen laden, gut durchschütteln und für mindestens 3 Stunden in den Kühlschrank stellen.

3 Die Cantuccini mit dem Süßwein beträufeln. Das Nugat in einer Schüssel über einem Wasserbad auflösen und bis zur Verwendung flüssig halten.

4 Vier Gläser schichtweise abwechselnd mit in Süßwein eingeweichten Cantuccini, Mascarponecreme, Nugat und Kirschkompott füllen. Das Dessert mindestens 2 Stunden kalt stellen und 30 Minuten vor dem Servieren aus dem Kühlschrank nehmen.

Desserts

Zwetschgen-Crumble

Zubereitung: 45 Minuten
Garzeit: 25 Minuten
Für 4 Personen

Zutaten

Für das Zwetschgenkompott

700 g Zwetschgen
5 EL brauner Zucker
300 ml Rotwein
4 cl Zwetgschenwasser
½ Tahiti-Vanilleschote, aufgeschlitzt
1 TL Zimtblüten

Für die Streusel

50 g Butter, zimmerwarm
50 g Zucker
50 g Mehl
50 g Cashew-Nüsse, grob gemahlen

1 Für das Kompott Zwetschgen waschen, entkernen und vierteln. Die Früchte in einen Vakuumbeutel füllen. Die übrigen Zutaten dazugeben, die Zimtblüten in einem Teefilter verpackt, 10–15 Sekunden vakuumieren. Im vorgeheizten Thermalisierer bei 65 °C 25 Minuten garen.

2 Den Beutel in kaltem Wasser abschrecken, die Zwetschgen in ein Sieb abgießen, die Garflüssigkeit auffangen. Zimtblüten und Vanilleschoten entfernen. Die Flüssigkeit sirupartig einkochen, die Zwetschgen wieder dazugeben und alles in eine ofenfeste Form füllen.

3 Für die Streusel alle Zutaten mit den Händen in einer Schüssel verreiben (nicht zu fein) und großzügig auf den Zwetschgen verteilen.

4 Den Zwetschgen-Crumble im vorgeheizten Ofen bei 200 °C in 10–12 Minuten goldbraun backen. Noch warm servieren.

Tipp Für einen solchen Crumble bieten sich anstelle von Zwetschgen sämtliche Kernobstsorten oder auch Rhabarber an. Helles Obst mit Weißwein oder hellen Fruchtsäften zubereiten.

Desserts

Quitten-Samosas mit Minzgelee und Granatapfelkernen

Zubereitung: 45 Minuten
Marinieren: mindestens 1 Tag
Garzeit: 1 Stunde
Für 4 Personen

Zutaten

Für die Quittenfüllung
500 g Quitten, geschält, entkernt und klein gewürfelt
5 EL Ahornsirup
3 EL Calvados
ausgekratztes Mark von 1 Tahiti-Vanilleschote
1 TL Zimtblüten und 10 zerdrückte Kardamomkapseln (in Teefilter gut eingepackt)
2–3 EL grob zerkleinerte geröstete Haselnüsse

Für das Minzgelee
250 ml Wasser
250 g Zucker
Saft von 2 Zitronen
50 g Minzeblätter
6 Blatt Gelatine (12 g)

Für die Fertigstellung
1 Packung Filo- oder Strudelteig
2 Eigelb
Butterschmalz zum Bestreichen
1 Granatapfel

1 Die Quittenfüllung mindestens 1 Tag im Voraus zubereiten: Die Quittenwürfel mit Ahornsirup, Calvados und den Gewürzen in einen Vakuumbeutel geben und auf höchster Stufe vakuumieren. Im vorgeheizten Thermalisierer bei 80 °C 1 Stunde garen. Zimtblüten und Kardamomkapseln entfernen. Die Quitten in eine Schüssel geben und mit den Haselnüssen mischen.

2 Ein Blatt Filoteig zur Hälfte dünn mit Eigelb bestreichen, die andere Hälfte darüberlegen und leicht andrücken. Das Teigstück in 3–4 gleiche Streifen schneiden und den oberen Rand wieder mit Eigelb bestreichen.

3 Die Füllung mit einem Esslöffel am unteren Rand mittig daraufgeben und zum Dreieck verschließen und bis zum oberen Rand hoch falten und den Rand leicht andrücken.

4 Die Teigtaschen auf ein mit Backpapier bedecktes Blech legen und mit flüssigem Butterschmalz bestreichen. Im vorgeheizten Backofen bei 200 °C Umluft in 12–15 Minuten goldbraun backen.

5 Für das Minzgelee das Wasser mit Zucker und Zitronensaft aufkochen, mit den Minzeblättern in den Mixer geben und fein pürieren. Durch ein feines Sieb in eine saubere Schüssel gießen und die eingeweichte und ausgedrückte Gelatine in der heißen Flüssigkeit auflösen. In ein Marmeladenglas füllen und mindestens 4 Stunden oder bis zum Gebrauch im Kühlschrank durchkühlen.

6 Den Granatapfel vor dem Anschneiden mit etwas Druck auf der Arbeitsfläche rollen, dann lassen sich die Kerne besser herauslösen. Samosas und Minzgelee mit Granatapfelkernen bestreuen.

Desserts

Cheese-Cake-Sandwich mit Himbeerkompott

Zubereitung: 45 Minuten
Garzeit: 25 Minuten
Für 4 Personen

Zutaten

Für die Himbeeren
500 g Himbeeren
300 ml Himbeersaft
4 cl Himbeergeist
ausgekratztes Mark von 1 Tahiti-Vanilleschote
1 Sternanis
Schale von ½ unbehandelten Zitrone
5 EL brauner Zucker
1 EL Speisestärke

Für die Frischkäsemasse
500 g Frischkäse
1 Ei
2 Eigelb
200 g Zucker
1 Prise Salz
100 ml geschlagene Sahne
Butter und Zucker für die Backform

Für die Dekoration
10 Vollkorn-Butterkekse
3 EL flüssiges Kokosfett
10 Himbeerbonbons
20 g Bitterschokolade

1. Die Himbeeren mit allen Zutaten in einem Vakuumbeutel vorsichtig vermischen und leicht vakuumieren. Im vorgeheizten Thermalisierer bei 65 °C 25 Minuten garen. Die Himbeeren in ein Sieb abgießen und den Saft auffangen. Den Saft in einem Topf aufkochen und mit etwas angerührter Speisestärke zur gewünschten Konsistenz andicken. Den Saft in einer Schüssel mit den Himbeeren mischen.

2. Den Frischkäse mit Ei, Eigelb, Zucker und Salz vermischen und glatt rühren, zum Schluss die Sahne unterheben.

3. Ein flaches Backblech (etwa 3 cm hoch) mit Butter bestreichen und mit Zucker ausstreuen. Die Frischkäsemasse darauf verteilen und im auf 170 °C vorgeheizten Backofen 25 Minuten backen. Im ausgeschalteten und geöffneten Ofen 10 Minuten ruhen lassen, dann herausnehmen und vollständig abkühlen lassen. Mit einem Ausstecher acht Kreise ausstechen. Die Vollkornkekse mit dem Kokosfett im Mixer fein zerkleinern und in eine Schale füllen.

4. Die Bonbons im Mixer pulverisieren. Das Pulver dünn auf ein mit Backpapier ausgelegtes Blech streuen und für 5–10 Minuten in den auf 130 °C vorgeheizten Ofen schieben. Herausnehmen, abkühlen lassen und in Stücke brechen.

5. Die Schokolade grob hacken, in eine Schüssel geben und über einem Wasserbad schmelzen. Mit einem Pinsel auf die Teller streichen. Frischkäsekreise und Himbeeren aufschichten, mit der Bröselmasse bestreuen und jede Portion mit einem Stück Bonbonkaramell dekorieren.

Gewürzpfirsiche mit Pistazienmarzipan und Baiserhaube

Zubereitung: 45 Minuten
Garzeit: 30 Minuten
Für 4 Personen

Zutaten

Für die Gewürzpfirsiche
2 reife Pfirsiche
50 g Zucker
200 ml fruchtiger Rosé
½ Vanilleschote
2 Sternanis
2 Nelken
10 Pimentkörner
10 Kardamomkapseln
½ Chilischote
Schale von ¼ unbehandelten Zitrone

Für die Pistazien-Marzipan-Füllung
100 g Marzipanrohmasse
20 g Pistazienkerne, fein gemahlen
20 g getrocknete Cranberrys, gehackt
1 Eiweiß, steif geschlagen

Für das Baiser
2 Eiweiß
70 g Zucker

Für die Dekoration
8 Amarettini, zerbröselt

Die Pfirsiche auf der Unterseite kreuzweise einritzen und für etwa 20 Sekunden in kochendes Wasser tauchen, bis sich die Haut leicht abziehen lässt. Sofort in Eiswasser abkühlen. Die Pfirsiche häuten, halbieren und den Kern entfernen. Die Früchte auf der Unterseite flach schneiden, damit sie aufrecht stehen können.

In einem kleinen Topf den Zucker und 5 EL Wasser bei starker Hitze zu Karamell kochen. Mit dem Wein ablöschen, Gewürze und Zitronenschale dazugeben und mindestens 10 Minuten bei niedriger Hitze ziehen lassen, dann abkühlen lassen. Die Pfirsiche in einen Vakuumbeutel legen, mit dem kalten Gewürzsud übergießen und 10 Sekunden vakuumieren. Im vorgeheizten Thermalisierer bei 69 °C 30 Minuten garen. Anschließend den Beutel in Eiswasser abschrecken.

Für die Füllung die Marzipanrohmasse mit Pistazien und Cranberrys vermischen und zum Schluss das Eiweiß unterziehen. Bis zur weiteren Verarbeitung kühlen.

Für das Baiser das Eiweiß in einer Rührschüssel halb steif schlagen, den Zucker einrieseln lassen und weiterschlagen, bis fester Schnee entstanden ist. In einen Spritzbeutel füllen und in den Kühlschrank stellen.

Die Pfirsiche aus dem Beutel nehmen und vorsichtig mit Küchenpapier abtupfen. Vanilleschote, Sternanis, Piment, Kardamom und die Chilischote entfernen. Den Sud in einen Topf füllen und sirupartig einkochen.

Die Pfirsiche auf dem heißen Grill oder in einer Grillpfanne auf der Innenseite kurz anbraten, um ein schönes Grillmuster zu erzeugen, danach auf ein Backblech legen. Mit einem Eisportionierer eine schöne Kugel der Marzipanmasse auf jeden Pfirsich geben und mit Baiser dekorieren.

Die Pfirsiche für 6–8 Minuten bei 200 °C im Ofen goldbraun backen. Auf Teller setzen, den Sirup angießen, mit Amarettinibröseln bestreuen und servieren.

Desserts

Gratinierte Whiskey-Äpfel mit Weißbier-Sabayon

Zubereitung: 30 Minuten
Garzeit: 1 Stunde
Für 4 Personen

Zutaten

Für die Whiskey-Äpfel
4 Äpfel (vorzugsweise Boskop)
2 EL Rosinen
5 EL Zucker
300 ml Whiskey
Schale von ½ unbehandelten Zitrone
½ Tahiti-Vanilleschote
1 Zimtstange

Für das Weißbier-Sabayon
3 Eigelb
3 EL Zucker
100 ml Weißbier
etwa 2 EL Mandelblättchen

Die Äpfel schälen, vierteln und das Kerngehäuse entfernen. Die Viertel in drei gleiche Segmente schneiden und zusammen mit den Rosinen in einen Vakuumbeutel geben.

In einem kleinen Topf den Zucker und 5 EL Wasser bei starker Hitze zu Karamell kochen. Mit Whiskey ablöschen, Zitronenschale, Zimt und Vanille dazugeben und aufkochen, bis sich der fest gewordene Karamell nach 2–3 Minuten wieder aufgelöst hat.

Den Sud vollständig abkühlen lassen, dann zu den Äpfeln geben. Auf höchster Stufe vakuumieren und im vorgeheizten Thermalisierer bei 65 °C 1 Stunde garen. Danach in kaltem Wasser abschrecken, die Äpfel in ein Sieb abgießen, den Sud auffangen. Vanilleschote und Zimtstange entfernen. Den Sud sirupartig einkochen, die Äpfel wieder dazugeben und in tiefen ofenfesten Tellern anrichten.

Für das Sabayon Eigelb, Zucker und Weißbier in eine Rührschüssel geben und mit einem Schneebesen über einem Wasserbad cremig aufschlagen.

Das Sabayon großzügig über die Äpfel verteilen, mit Mandelblättchen bestreuen und im vorgeheizten Backofen bei 200 °C 6–8 Minuten goldbraun backen. Sofort servieren.

Desserts

Schokobirnen mit weißer Pralinenfüllung

Zubereitung: 45 Minuten plus Kühlzeit
Marinieren: über Nacht
Garzeit: 45 Minuten
Für 4 Personen

Zutaten

Für die Birnen
4 nicht zu weiche Birnen
300 ml Weißwein
8 cl Williamsgeist
5 EL brauner Zucker
4 dünne Scheiben Ingwer
2 Sternanis
½ Tahiti-Vanilleschote, aufgeschlitzt und
    ausgekratzt

Für die weiße Pralinenfüllung
200 g weiße Schokolade
100 ml Sahne
2 cl Cointreau

Für die dunkle Schokoladenglasur
500 ml dunkle Kuvertüre,
    mindestens 60 % Kakao
300 ml Sahne
100 g Butter
2 cl Kahlua (Kaffeelikör)

1. Die Birnen schälen und mit den übrigen Zutaten in einen Vakuumbeutel füllen. Nur etwa 20 Sekunden vakuumieren, damit sie nicht zerdrückt werden. Im vorgeheizten Thermalisierer bei 80 °C 45 Minuten garen. In kaltem Wasser abkühlen und über Nacht im Beutel marinieren.

2. Die weiße Schokolade in einer Schüssel über einem Wasserbad schmelzen. Die Sahne in einem Topf aufkochen, mit der Schokolade vermischen und glatt rühren. Den Cointreau dazugeben und 2 Minuten mit dem Schneebesen kräftig rühren. Die Pralinenfüllung in eine Schüssel geben und über Nacht im Kühlschrank durchkühlen.

3. Die Kuvertüre unter ständigem Rühren mit der Sahne und der Butter erhitzen. Den Likör zugeben, die Masse glatt rühren und abkühlen lassen.

4. Die Birnen aus dem Beutel nehmen. Vanilleschote und Sternanis entfernen. Den Sud in einen Topf gießen und sirupartig einkochen. Die Birnen trocken tupfen, mit einem Kugelausstecher das Kerngehäuse entfernen und die Früchte etwas aushöhlen. Die Unterseite flach schneiden, damit die Früchte stehen können. Die weiße Pralinenfüllung in die ausgehöhlte Öffnung füllen und im Kühlschrank 30 Minuten kühlen.

5. Die kalten Birnen in die lauwarme dunkle Schokoladenglasur vollständig eintauchen, abtropfen lassen, auf ein Gitter setzen und im Kühlschrank mindestens 4 Stunden, am besten über Nacht, durchkühlen. Die Birnen auf Tellern anrichten, mit etwas eingekochtem Sud und Minzeblättchen dekorieren.

Register

5-Spice-Schweinenacken mit Glücksrollen und BBQ-Sauce 42

Ananas
   Marinierte und gegrillte Ananas mit Hibiskusblüten und Raffaello-Eis 134

Äpfel
   Gratinierte Whiskey-Äpfel mit Weißbier-Sabayon 154

Asia-Fischsuppe 84
Asia-Hefeknödel mit Hackfleischfüllung 72
Austern, gedämpft mit dreierlei Toppings 24

Bananen
   Rum-Bananen mit Erdnuss-French-Toast und Curry-Eis 136

Birnen
   Schokobirnen mit weißer Pralinenfüllung 156

Breznknödel-Auflauf mit Rahmpfifferlingen 62–63

Cajun-Schwertfisch mit marinierter Wassermelone und Avocadocreme 28–29
California-Roll mit Teriyaki-Rinderfilet 74
Ceviche
   Jakobsmuschel-Ceviche auf gebratenen Süßkartoffeln 18
Cheese-Cake-Sandwich mit Himbeerkompott 150
Coq au vin von der Wachtel mit Pilaw-Röllchen 78
Crème brûlée
   Tonkabohnen-Crème-brûlée 140
Crumble
   Zwetschgen-Crumble 146–147

Dampfnudeln auf Heidelbeerkompott 142
Dorade mit buntem Mangold und kleinen Röstkartoffeln 96–97

Ei im Glas mit gebratenen Kräuterseitlingen 46
Ente
   Confierte Entenkeule mit Portweinfeigen 68
   Entenrillette 68
   Geräucherte Entenbrust mit Blumenkohlmousse und Portweinreduktion 64

Fingerlickin' Spare-Ribs mit Schoko-BBQ-Sauce, Maiskolben 126–127
Fisch
   Asia-Fischsuppe 84
   Confierter Thunfisch mit Orangen-Fenchel-Salat 32
   Dorade mit buntem Mangold und kleinen Röstkartoffeln 96–97
   Kurz gebeizter Lachs mit Safranrisotto mit geräuchertem Tomatensud 87–88
   Pirateneintopf 86
   Saiblings-Shao-Mai mit Senfdip 36
   Sake-Waller mit Kartoffel-Wasabi-Püree und Wokgemüse 98
   Seeteufelbäckchen im Serranomantel mit Erbsen-Espuma 34
   Seeteufelsteak mit Fregola-Risotto und Blattspinat 90
   Seezungen-Lachs-Roulade im Bouillabaisse-Sud mit Sauce Rouille 92
   St. Pierre mit Kartoffel-Garnelen-Gröstl und Estragon-Sabayon 94
   Süßsauer marinierte Lachsforelle mit Chesterbrot 30

Garnelen
   Garnelen-Currywurst mit Kartoffelstroh 26
   Garnelen-Wan-Tan und Chilidip 58
   Riesengarnelen mit Mango-Gurken-Salsa 22–23
Gewürzpfirsiche mit Pistazienmarzipan und Baiserhaube 152–153

Hamburger
   Der perfekte Burger mit eingelegten Tomaten, Basilikum-Aioli und Kräuter-Wedges 122–123
Hanging-Tender-Tataki mit Sojazwiebeln und Gurken-Rettich-Salat 40
Heidelbeeren
   Dampfnudeln auf Heidelbeerkompott 142
Himbeeren
   Cheese-Cake-Sandwich mit Himbeerkompott 150
Hühnchen
   Krautwickel mit Hühnchenfüllung und pikanter Paprikamarmelade 70–71
   Marokkanisches Zitronenhühnchen mit Artischocken und Minz-Couscous 104
   Piri-Piri-Hühnchen mit Süßkartoffel-Chips und Sauerrahm Dip 106

Jakobsmuscheln
   Jakobsmuschel-Ceviche auf gebratenen Süßkartoffeln 18
   Jakobsmuscheln mit Karotten-Espuma und Erdnuss-Koriander-Pesto 20

Kalb
   Kalbskotelett mit Steinpilz-Pancakes und Steckrüben 11
   Kalbstafelspitz, roas, mit Speckbohnen, Kartoffeltalern ur Madeira-Jus 110
   Knusprige Kalbsbäckchen mit grüner Sauce und Wachtel 48
   Ossobuco mit Kräuterpolenta, Wurzelgemüse und Salsa Gremolata 114–115
   Rosa Kalbstafelspitz mit Speckbohnen, Kartoffeltalern un Madeira-Jus 110
   Vitello tonnato 44
Kaninchenrücken-Roulade mit Kürbis-Linsen 108
Karotten
   Jakobsmuscheln mit Karotten-Espuma und Erdnuss-Koriander-Pesto 20
   Orangen-Ingwer-Karotten mit Sternanis 52–53
Kirschen
   Mascarpone-Kirsch-Trifle 144
Krautwickel mit Hühnchenfüllung und pikanter Paprikamarmelade 70–71
Kürbis
   Kaninchenrücken-Roulade mit Kürbis-Linsen 108
   Süßsaurer Kürbis mit Langpfeffer 54

Lachs
   Fetziger Räucherlachs mit Senfgurken 60
   Kurz gebeizter Lachs mit Safranrisotto auf geräuchertem Tomatensud 87–88
   Seezungen-Lachs-Roulade im Bouillabaisse-Sud mit Sauce Rouille 92
Lachsforelle
   Süßsauer marinierte Lachsforelle mit Chesterbrot 30
Lammkarree mit Kräuterkruste, Bohnen, Kartoffelspeckkuchen und Rotweinsauce 119–120
Litischis

Register

Gefüllte Reisbällchen mit Litschis und Kokosmilchschaum 138–139

Marokkanisches Zitronenhühnchen mit Artischocken und Minz-Couscous 104
Mascarpone-Kirsch-Trifle 144

Orangen-Ingwer-Karotten mit feinen Gewürzen 52–53
Ossobuco mit Kräuterpolenta, Wurzelgemüse und Salsa Gremolata 114–115
Oxtail-Pie 80

Pfifferlinge
    Breznknödel-Auflauf mit Rahmpfifferlingen 62–63
Pfirsiche
    Gewürzpfirsiche mit Pistazienmarzipan und Baiserhaube 152–153
Pilze
    Breznknödel-Auflauf mit Rahmpfifferlingen 62–63
    Ei im Glas mit gebratenen Kräuterseitlingen 46
    Kalbskotelett mit Steinpilz-Pancakes und Steckrüben 112
Pirateneintopf 86
Piri-Piri-Hühnchen mit Süßkartoffel-Chips und Sauerrahm Dip 106
Pulled-Pork-Sandwich mit Caesar-Salat und lila Kartoffelchips 76

Quitten-Samosas mit Minzgelee und Granatapfelkernen 148

Ratatouille-Gyoza mit Basilikumcreme 38
Räucherlachs
    Fetziger Räucherlachs mit Senfgurken 60
Reis
    Gefüllte Reisbällchen mit Litschis und Kokosmilchschaum 138–139
Rib-Eye-Steak mit Stampfkartoffeln und gratinierter Tomate 130
Riesengarnelen mit Mango-Gurken-Salsa 22–23
Rind
    California-Roll mit Teriyaki-Rinderfilet 74
    Der perfekte Burger mit eingelegten Tomaten, Basilikum-Aioli und Kräuter-Wedges 122–123
    Hanging-Tender-Tataki mit Sojazwiebeln und Gurken-Rettich-Salat 40
    Oxtail-Pie 80
    Rib-Eye-Steak mit Stampfkartoffeln und gratinierter Tomate 130
    Rinderhüfte mit Papaya-Salsa, Okraschoten und Maniok-Fritters 124–125
    Sandwich mit Flank-Steak-Pastrami mit gebratenen Äpfeln und Senf-Kraut 66
    Wagyu-Short-Ribs mit grober BBQ-Sauce und Cole-Slaw-Wrap 128
Rote Bete
    Orientalische Rote Bete mit Raz el Hanout 56
Rum-Bananen mit Erdnuss-French-Toast und Curry-Eis 136

Saibling-Shao-Mai mit Senfdip 36
Sake-Waller mit Kartoffel-Wasabi-Püree und Wokgemüse 98
Sandwiches
    Cheese-Cake-Sandwich mit Himbeerkompott 150
    Pulled-Pork-Sandwich mit Caesar-Salat und lila Kartoffelchips 76
    Sandwich mit Flank-Steak-Pastrami mit gebratenen Äpfeln und Senf-Kraut 66
Schokobirnen mit weißer Pralinenfüllung 156
Schwein
    5-Spice-Schweinenacken mit Glücksrollen und BBQ-Sauce 42
    Asia-Hefeknödel mit Hackfleischfüllung 72
    Fingerlickin' Spare-Ribs mit Schoko-BBQ-Sauce, Maiskolben 126–127
    Pulled-Pork-Sandwich mit Caesar-Salat und lila Kartoffelchips 76
    Spanferkelbraten mit Bayrischkraut, böhmischen Knödeln und Kümmel-Jus 116
Schwertfisch
    Cajun-Schwertfisch mit marinierter Wassermelone und Avocadocreme 28–29
Seeteufel
    Seeteufelbäckchen im Serranomantel mit Erbsen-Espuma 34
    Seeteufelsteak mit Fregola-Pasta und Blattspinat 90
Seezungen-Lachs-Roulade im Bouillabaisse-Sud mit Sauce Rouille 92
Shao-Mai
    Saiblings-Shao-Mai mit Senfdip 36
Sojazwiebeln 40
Spanferkelbraten mit Bayrischkraut, böhmischen Knödeln und Kümmel-Jus 116
Steak
    Rib-Eye-Steak mit Stampfkartoffeln und gratinierter Tomate 130
St. Pierre mit Kartoffel-Garnelen-Gröstl und Estragon-Sabayon 94
Stubenküken
    Tandoori-Stubenküken 102
Süßkartoffeln
    Jakobsmuschel-Ceviche auf gebratenen Süßkartoffeln 18
Süßsauer marinierte Lachsforelle mit Chesterbrot 30
Süßsaurer Kürbis mit Langpfeffer 54

Tandoori-Stubenküken 102
Thunfisch
    Confierter Thunfisch mit Orangen-Fenchel-Salat 32
Tonkabohnen-Crème-brûlée 140

Vitello tonnato 44

Wachtel
    Coq au vin von der Wachtel mit Pilaw-Röllchen 78
Wagyu-Short-Ribs mit grober BBQ-Sauce und Cole-Slaw-Wrap 128
Wan-Tan
    Garnelen-Wan-Tan und Chilidip 58
Wassermelone
    Cajun-Schwertfisch mit marinierter Wassermelone und Avocadocreme 28–29
Whiskey-Äpfel, gratinierte, mit Weißbier-Sabayon 154

Zweierlei Oktopus mit Aioli 16
Zwetschgen-Crumble 146–147

Einfach & anders

160 Seiten
ca. 120 Abb.
19,0 x 28,5 cm
Klappen-
broschur

ISBN 978-3-86244-262-1

ISBN 978-3-86244-319-2

ISBN 978-3-86244-480-9

ISBN 978-3-86244-223-2

ISBN 978-3-86244-008-5

ISBN 978-3-86244-212-6

ISBN 978-3-86244-131-0

ISBN 978-3-86244-214-0

ISBN 978-3-86244-231-7

ISBN 978-3-86244-209-6

ISBN 978-3-86244-224-9

ISBN 978-3-86244-145-7

Alle Titel der Reihe erhältlich in Ihrer Buchhandlung oder unter
www.christian-verlag.de